人口老龄化
与区域产业结构调整研究
—— 基于山东省的实证分析

赵慧 ◎ 著

西南交通大学出版社
·成 都·

图书在版编目（CIP）数据

人口老龄化与区域产业结构调整研究：基于山东省的实证分析 / 赵慧著. -- 成都：西南交通大学出版社，2023.11

ISBN 978-7-5643-9574-2

Ⅰ. ①人… Ⅱ. ①赵… Ⅲ. ①人口老龄化–研究–中国②区域产业结构–产业结构优化–研究–中国 Ⅳ. ①C924.24②F127

中国国家版本馆 CIP 数据核字（2023）第 226906 号

Renkou Laolinghua yu Quyu Chanye Jiegou Tiaozheng Yanjiu
—Jiyu Shandong Sheng de Shizheng Fenxi

人口老龄化与区域产业结构调整研究
——基于山东省的实证分析

赵 慧 著

责 任 编 辑	秦 薇
助 理 编 辑	李奕青
封 面 设 计	墨创文化
出 版 发 行	西南交通大学出版社
	（四川省成都市金牛区二环路北一段 111 号
	西南交通大学创新大厦 21 楼）
营销部电话	028-87600564　028-87600533
邮 政 编 码	610031
网　　　　址	http://www.xnjdcbs.com
印　　　　刷	成都蜀通印务有限责任公司
成 品 尺 寸	170 mm × 230 mm
印　　　　张	13.5
字　　　　数	204 千
版　　　　次	2023 年 11 月第 1 版
印　　　　次	2023 年 11 月第 1 次
书　　　　号	ISBN 978-7-5643-9574-2
定　　　　价	68.00 元

图书如有印装质量问题　本社负责退换
版权所有　盗版必究　举报电话：028-87600562

PREFACE 前　言

　　世界人口的老龄化趋势由来已久，包括中国在内的许多国家都已经出现了人口老龄化。在长寿、少子等多重因素的影响下，老龄化已经成为一项不可回避的世界性课题。人口是国家发展的基础性、全局性、长期性和战略性要素，人口老龄化的到来对经济运行、社会发展、社会文化等多方面都会产生深刻影响。老龄化时代，挑战与机遇并存。虽然我国的人口老龄化比发达国家起步晚，但是发展速度快。根据国家统计局公布的第七次全国人口普查数据[①]，2020年我国65岁及以上老年人口占全国总人口的比重为13.5%，与世界卫生组织定义的老年系数为14%的中度老龄化社会标准仅一步之遥。作为全球第一的人口大国和老年人口大国，随着人口老龄化的持续加深，我国面临"未富先老"的尴尬局面。人口结构是决定经济稳态增长的重要因素，当人口因素不再具备优势时，它会通过改变劳动力供给、人力资本等方面给经济增长带来压力，使传统的增长模式难以为继，这对我国目前的产业现状和比较优势是一个严峻的挑战。这种变化既可能通过改变劳动力供给数量和质量，又可能通过改变消费需求结构等对产业结构产生深刻影响。

　　山东省是全国第一老年人口大省，老年人口数量位居全国首位，而且山东在每一阶段的老龄化水平都高于全国水平，全省老龄化呈现基数大、增速快、程度高的特点。根据第七次全国人口普查的数据，山东省60岁及以上老年人口为2 122.1万人，占全省人口的20.90%，是全国唯一一个老年人口超过2 000万的省份；其中，65岁及以上老年人口达到1 536.4万人，占15.13%，比全国平均水平高出1.61个百分点，已经进入中度老龄化社会。与此同时，作为我国东部沿海经济大省，山东省的产业发展在全面深化改革中实现了实

[①] 国家统计局. 第七次全国人口普查公报（第五号）——人口年龄构成[R/OL]. (2021-05-11). http://www.gov.cn/guoqing/2021-05-13/content.5606149.htm.

质性的突破。山东省农产品品种多、品牌多，农产品的产值、出口量连续多年居全国首位，是我国的农业大省和重要的农业产区；同时，山东也是我国重要的制造业大省，工业门类齐全，是我国唯一一个拥有联合国产业分类中全部（共41个）工业大类的省份，很多行业的产量居全国首位；在服务业方面，目前山东省内"三、二、一"的产业结构格局进一步得到巩固，信息、金融、科技服务等现代服务业增势强劲，第三产业已经成为山东经济增长的主引擎，对稳定经济增长和带动就业起着积极作用。但是，以服务业为主的第三产业占GDP的比重依然长期低于全国各省的平均水平，对现代农业和制造业高质量发展的支撑作用有待进一步加强。因此，在积极实施新旧动能转换的过程中，山东省正经历一个向更高层次迈进的结构转型期，产业转型升级任务依旧艰巨。

人口老龄化会给产业结构带来怎样的影响？应该如何应对老龄化持续加深背景下的产业结构调整，从而实现人口与经济的长期协调可持续发展？在经济增长新常态和老龄化加速的社会经济背景下，对这些问题的研究无疑具有重要的理论和现实意义。深入研究人口结构变化对产业结构转型的影响，可以进一步丰富和深化人口转变、人口老龄化理论和产业经济学理论的相关研究，为老龄化背景下产业结构转型升级提供理论指导。以山东省为例进行实证研究的结论和针对性对策建议的提出，能够为山东省政府相关部门制定未来的产业政策、消费政策、分配政策和社会保障政策提供经验借鉴，为老龄化背景下产业结构的优化升级、增强经济增长内生动力提供应对措施和政策参考。这不仅是积极应对人口老龄化挑战的需要，也是山东省经济实现"转方式、调结构、稳增长"目标的重要战略选择。

在本书的审稿和出版过程中，西南交通大学出版社的编辑提供了诸多帮助和支持，在此特致以最诚挚的谢意。

著　者

2023年5月

CONTENTS 目 录

第一章　绪　论
第一节　研究背景及研究意义 ……………………………………… 002
第二节　国内外研究综述 …………………………………………… 005
第三节　研究思路及研究框架 ……………………………………… 011

第二章　人口老龄化及相关理论
第一节　人口结构与人口老龄化 …………………………………… 018
第二节　人口转变理论与老龄化成因 ……………………………… 027

第三章　产业结构及相关理论
第一节　产业结构相关概念界定 …………………………………… 036
第二节　产业结构演进的一般理论 ………………………………… 039
第三节　产业结构调整的评价指标 ………………………………… 041

第四章　人口老龄化对产业结构调整的影响机理
第一节　劳动供给变动对产业结构的影响 ………………………… 048
第二节　消费结构变动对产业结构的影响 ………………………… 051
第三节　其他因素对产业结构的影响 ……………………………… 054

第五章　山东省人口老龄化与产业结构现状
第一节　山东省人口老龄化的概况及特点 ………………………… 058
第二节　山东省经济社会发展现状 ………………………………… 069
第三节　山东省产业结构现状 ……………………………………… 079

第六章 基于灰色关联的人口老龄化与产业结构调整分析

第一节 灰色关联分析模型介绍 ………………………………… 096
第二节 山东省人口老龄化与居民消费结构的灰色关联分析 …… 098
第三节 山东省人口老龄化与三次产业的灰色关联分析 ………… 110

第七章 基于VAR模型的人口老龄化对产业结构调整影响的实证分析

第一节 基本模型 ………………………………………………… 128
第二节 指标选择和数据说明 …………………………………… 128
第三节 实证结果与分析 ………………………………………… 130

第八章 人口老龄化背景下山东省产业结构调整的对策建议

第一节 实行积极生育支持政策，优化人口结构 ……………… 145
第二节 促进劳动密集型产业向资本技术密集型产业转移 …… 149
第三节 从需求侧和供给侧双向促进老龄产业全面发展 ……… 153
第四节 促进人力资本投入以提升劳动生产率 ………………… 166
第五节 提升外资引领产业转型升级的作用 …………………… 172
第六节 做好新型城镇化建设与产业结构升级的联动发展 …… 173

参考文献 ……………………………………………………………… 175

附录 基于供求视角的泰安市社区居家养老服务体系构建研究 ……… 183

PART ONE

第一章

绪 论

本章首先分析人口老龄化和区域产业结构调整的研究背景及研究意义，然后对国内外研究现状进行述评，最后从研究思路、研究内容、研究方法和创新点四个方面阐述本书的研究框架。

第一节 研究背景及研究意义

一、研究背景

改革开放以来，中国充分利用劳动力成本优势，取得了劳动密集型产业的国际竞争优势，在全球产业链分工中占据了世界工厂和制造业大国的地位。与此同时，我国的人口年龄结构发生着巨大的变化，主要体现在人口自然增长率持续下降和人口老龄化加速。从 1982 年到 2000 年第五次人口普查，我国人口的自然增长率由 15.68‰下降到 7.58‰，65 岁及以上老年人口数量由 4 991 万人增加到 8 821 万人，老年系数提升至 7%，老年型人口年龄结构初步形成，我国开始步入老龄化社会。进入 21 世纪以来，我国老年人口数量增长迅速，人口的老龄化趋势日益凸显，并远超世界平均水平。根据国家统计局公布的第七次全国人口普查数据，2020 年我国人口自然增长率降至 1.45‰，65 岁及以上老年人口数量增加到 19 064 万人，占全国总人口的 13.5%，老年抚养比提高到 19.7%，老少比更是由 2000 年的 30.4%提高到 2020 年的 75.4%，这表明我国人口的自然增长率大幅下降，人口老龄化趋势明显。"人口红利"伴随着中国人口年龄结构的快速老化而逐渐消退。人口结构是决定经济稳态增长的重要因素，当人口因素不再具备优势时，它会通过改变劳动力供给、人力资本等方面给经济增长带来压力，使传统的增长模式难以为继。

目前，中国的经济增长已从高速增长状态跨入新常态，由高速增长阶段转向高质量发展阶段，推动产业结构升级是经济高质量发展的重点，更是中国经济保持高质量发展的重要前提。自从 2012 年我国第三产业增加值比重首次超过第二产业增加值比重以来,第三产业产值在国内生产总值中的占比呈现出不断增长的趋势,表明我国经济发展和产业结构的重心已经从第二产业转移到了第三产业,产业结构不断完善。

但是,近年来我国产业结构演进的宏观条件发生了改变,曾经支撑我国产业经济繁荣发展的劳动力资源优势开始减弱,很多地区出现了"民工荒","人口红利"正在逐渐消失。随着人口自然增长率的持续下降和人口老龄化的加速,我国面临"未富先老"的尴尬局面,劳动力成本显著上升,对我国目前的产业现状和比较优势是一个严峻的挑战。这种变化既可能通过改变劳动力供给数量和质量,又可能通过改变消费需求和结构等对产业结构产生深刻影响。人口老龄化在给我国的经济和产业发展带来巨大挑战的同时,也为我国经济增长动力的转换和产业结构的优化升级提供了新的契机。随着人口老龄化浪潮的到来和冲击,对人口老龄化与产业结构关系的研究已经刻不容缓。

山东省是全国第一老年人口大省,老年人口数量位居全国首位,而且山东在每一阶段的老龄化水平都高于全国水平,全省老龄化呈现出基数大、增速快、程度高的特点,人口老龄化形势严峻。根据第七次全国人口普查的数据,山东省60岁及以上老年人口为2 122.1万人,占全省人口的20.90%,是全国唯一一个老年人口超过2 000万的省份;其中,65岁及以上老年人口达到1 536.4万人,占15.13%,比全国平均水平高出1.61个百分点,老年人口抚养比达到22.9%,高出全国平均水平3.2个百分点。与此同时,作为沿海经济大省、农业大省和制造业大省,山东省的产业发展虽然在全面深化改革中实现了实质性的突破,但是以服务业为主的第三产业发展表现依然相对滞后,山东省第三产业占GDP的比重长期低于全国各省的平均水平,对现代农业和制造业高质量发展的支撑作用有待进一步加强。在积极实施新旧动能转换过程中,山东省正经历一个向更高层次迈进的结构转型期。

因此,本书以山东省为例进行研究,实证分析老龄化对产业结构调整的影响,以期为老龄化加深背景下的地区产业政策制定提供参考。人口年龄结构的变化会对产业结构调整带来怎样的影响?应该采取怎样的应对政策?在经济增长新常态和人口老龄化加速的社会经济背景下，对这些问题的研究无疑具有重要的理论和现实意义。深入研究人口结构变化对产业结构转型的影响，加强政策引导，不仅是积极应对人口老龄化挑战的需要，也是山东省经济实现"转方式、调结构、稳增长"目标的重要战略选择。

二、研究意义

本书的理论价值主要体现在：

第一，通过梳理关于人口老龄化对产业结构调整影响的文献资料，掌握国内外关于该问题的研究现状。在此基础上，本书分别从劳动供给、消费结构、储蓄、老年负担等方面分析人口老龄化对产业结构影响的中介效应，有助于厘清人口老龄化对产业结构调整的影响机理。可以进一步丰富和深化人口转变、人口老龄化理论和产业经济学相关理论的研究，有利于人口学、人口经济学和产业经济学的发展。

第二，结合山东省人口老龄化和产业结构现状，实证研究人口老龄化对产业结构调整的影响，并提出有针对性的对策建议，可以为老龄化背景下地方政府进一步完善人才培养方案、产业政策体系、生育支持政策、养老保障制度、分配制度等提供理论支撑。

本书的应用价值在于：

第一，本书在理论分析的基础上，以山东省为研究对象进行实证分析，证明了老龄化可以通过劳动供给、消费结构等方面对产业结构产生影响，有助于揭示老龄化背景下产业结构升级面临的挑战和机遇，从而为山东省政府相关部门制定未来的生育支持政策、人才培养政策、产业政策、就业政策、分配政策和社会保障政策等提供政策参考，将老龄化趋势下的挑战转变为机遇，进而推动产业结构转型升级。

第二，人口结构是决定经济稳态增长的重要因素，对该问题的研究不仅能够为老龄化背景下产业结构的优化升级提供应对措施和政策参考，而且对完善地区经济发展规划、增强经济增长内生动力、实现人口和经济社会协调发展具有重要的启发意义。

第二节 国内外研究综述

一、国外文献综述

对老龄化问题的关注与一国的老龄化水平密切相关，发达国家的人口老龄化起步早、程度高，早在20世纪上半叶就先后出现人口变迁和老龄化现象，因而国外学者较早开始探讨年龄结构变化对经济的影响。国外早期对人口老龄化影响的研究主要集中在其对经济发展的总体影响方面，关于这方面的研究国外已有不少有价值的研究成果。首具代表性的理论是美国经济学家莫迪利安尼和布伦贝格（Modigliani & Brumberg，1954）提出的生命周期假说。该理论认为一个国家的总储蓄和总消费会部分依赖于人口的年龄分布，如果社会上中年人所占比重上升，该国总储蓄率应该是上升的；当年轻人和老年人所占比重上升，总储蓄率会下降。此后，勒夫（Leff，1969）、埃兰森和尼蒙（Erlandsen & Nymoen，2008）等不少国外学者选取了不同时间和地区的数据，对人口年龄结构与消费和储蓄之间存在的相关关系进行了实证检验，得到了不尽相同的结果。安德鲁·梅森（Andrew Mason，1997）将东亚经济增长奇迹与年龄结构联系在一起，他认为庞大的劳动年龄人口会带来劳动力价格优势，从而推动经济发展。美国学者布鲁姆和威廉姆森（Bloom & Williamson，1998）在经济增长模型中引入人口变量，实证分析了人口年龄结构变动对东亚经济体经济增长的贡献。

国外学者关于人口老龄化对产业结构影响的研究要晚于对经济增长总体影响的研究。其中，早期揭示产业结构与人口之间关系的经济理论是"配第-克拉克定理"和"刘易斯模型"。17世纪英国经济学家威廉·配第（William

Petty）最早分析了不同产业间就业结构的变化规律。后来，英国著名经济学家科林·克拉克（Colin Clark, 1940）细分了三次产业结构，并提出了就业人口在三次产业中的分布结构变化规律。他认为：伴随着经济的发展和人均收入水平的提高，劳动力会由第一产业转移到第二产业，再转移到第三产业。此后，美国著名经济学家西蒙·库兹涅茨（Simon Kuznets, 1957）在配第-克拉克定理的基础上考察了长期经济增长过程中三次产业比重变动的规律和原因，揭示了产业结构变动的方向。美国经济学家钱纳里（Chenery, 1975）同样是在克拉克研究成果基础之上，从经济发展的长期过程考察了制造业内部各部门的变化，揭示了制造业内部结构的演变规律，并指出在经济发展的初期、中期和后期阶段，会分别有劳动密集型制造业部门、资本密集型重型制造业部门和技术密集型产业的先后迅速发展。英国著名经济学家刘易斯（Lewis, 1954）提出了"两个部门结构发展模型"，分析了发展中国家农业经济部门和现代化制造业部门之间的劳动力转移。他认为产业结构的调整为劳动力流动所影响，当农业经济部门的劳动力被工业部门吸收，农业劳动力由过剩变为短缺，工人工资水平则不断提升，出现"刘易斯拐点"。

由于不同国家、不同地区的人口老龄化现象呈现出不同的特点，因此，老龄化对产业结构的影响也存在差异。近些年来，国外不少学者开始更多地通过实证检验关注人口老龄化对产业结构的影响。阿克塞尔等（Axel et al., 2001）实证分析了老龄化对德国劳动力市场的影响，认为人口老龄化会对劳动力供给产生负面影响，而且年龄结构的变化会通过影响消费结构进而影响就业结构。纽金特（Nugent, 2006）依据不同地区的经济发展模式研究人口老龄化对产业结构的影响，最后发现不同的经济发展模式下老龄化对产业结构的影响效应不一样。除此之外，大多数学者的研究都表明老龄化对不同产业的影响不同，其对第三产业的发展是可以起到正面作用的。西塞森（Thiessen, 2007）通过收集50多个国家的数据，发现老龄化会加速产业结构的变迁，其对第三产业会产生正面影响，对第一产业会产生负面影响。李和梅森（Lee & Mason, 2010）提出在人口转型过程中，寿命延长、生育率下降和老龄化都将增加对老年消费所需财富的需求，老龄化社会下对老龄产品的需求可以推动老龄产业发展。耶尼尔梅兹（Yenilmez，2015）通过引入劳动力参与、养老金制度、退休年龄、劳动力供应等变量评估老龄化对经济增长的影响，认为老龄化会带动家政服务和医疗保健等第三产业的发展。然而，也有学者提出了老龄化对产业结构升级的阻碍作用，如西利弗斯托夫等（Siliverstovs et al.，2011）提出人口老龄化会通过增加老龄负担阻碍产业结构升级。

二、国内文献综述

我国的人口老龄化现象比发达国家来得晚，所以国内对人口老龄化问题的研究起步相对较晚。2000年以来，随着我国老龄化程度不断加深，人口老龄化与经济发展之间的矛盾越发突出，国内学术界逐渐兴起关于老龄化与经济发展关系的研究。王德文、蔡昉等（2004）指出人口转变对居民储蓄率有显著性负面影响，人口老龄化进程的加快使得人口转变对储蓄的贡献率减弱。胡鞍钢等（2012）持有相似观点，他们基于理论经济模型和实证模型两方面，证明了老龄化将降低储蓄率，并对中国经济增长产生负面影响。但也有部分学者认为，人口老龄化会使储蓄率上升。王金营和付秀彬（2006）、蒋云赟（2009）认为老龄化程度的提高，将部分抵消由人均收入提高所带来的消费水平的增长。李军（2006）在索洛经济增长模型中，引入老龄化因素变量，证明了人口老龄化对经济增长的不同作用效应。莫龙（2009）定量研究了老龄化与经济发展的协调性问题，指出了中国人口老龄化对经济发展的压力，并提出通过生育政策调整来缓解老龄化引起的压力。于学军（2009）曾经注意到人口因素的变化对扩大内需的影响，建议在积极主动统筹解决人口问题的过程中扩大内需，力争做到人口与经济协调双赢。郑妍妍等（2013）基于中国家庭住户收入调查1988—2007年的数据，分别利用OLS（一元线性回归最小二乘估计）和分位数回归进行研究，实证分析了"少子化"和"老龄化"

对我国城镇家庭消费及支出结构的影响,结论是:受"少子化"影响较大的消费支出为食品、衣着、医疗保健和文教娱乐支出,受"老龄化"影响较大的为医疗保健、交通通信、文教娱乐和居住支出。综上所述,以往大部分文献主要研究人口老龄化对居民消费需求、储蓄行为以及经济增长的影响。

随着老龄化的加深和产业理论的发展,国内关于人口老龄化对产业结构影响的研究逐渐开展起来。因为不同学者采用不同的数据和研究方法,因此得到了不尽相同的研究结论。

一种观点认为,老龄化会对产业结构优化带来负面冲击。鲁志国(2001)认为,虽然人口老龄化会通过拉动老年产业而促进产业结构调整,但是从深层次来看,老龄化会通过影响劳动力供给、社会需求、投资资金和技术供给状况等方面,给产业结构调整带来不利影响。蔡昉和王美艳(2012)提出人口老龄化会使劳动力优势逐渐丧失,并带来劳动生产效率的下降,不利于产业结构升级。童玉芬(2014)认为人口老化会带来的青年劳动力数量减少,劳动参与率下降,乡村老龄化程度逐渐加剧,城乡老龄化倒置等问题,这些均会对社会经济发展产生严重冲击,这些因素对产业结构优化升级都是不利的。任栋和李新运(2014)提出相似观点,他们通过对全国省际面板数据的分析,发现提升15~34岁劳动力青年人口比重可以促进产业结构优化升级;反之,如果劳动力年龄结构老化,则会对产业结构调整和升级产生负向影响。

另一种观点是老龄化会通过影响消费需求或人力资本积累等因素促进产业结构升级。一是基于需求方面,认为人口老龄化推动了与老年人需求相关的老年医疗保健和生活服务等第三产业的发展,从而推动产业结构优化升级。陈卫民和施美程(2013)利用国际面板数据进行实证分析,认为老龄化会通过刺激老年休闲、文娱等刚性服务需求,进而推动服务业就业比重和产值占比的提升。张斌和李军(2013)建立了包含老龄化因素的三次产业结构演进模型,认为人口老龄化通常可以提高服务业占比,进而对服务业发展起到促进作用,而其对农业部门的影响较小,相对来讲,其对工业部门的发展是不利的。汪伟等（2015）认为老龄化催生"银发经济"，老年医疗保健、老年家政服务、老年旅游等老龄消费性服务业的发展，成为产业结构升级的重要推动力。王屹等（2018）利用固定效应模型和门限效应模型等进行定量实证分析，结果表明，老龄化既可以通过增加医疗服务等产业的需求，又可以通过提升人力资本来促进产业结构升级。贾晓华和王鹤春（2021）以东北地区作为实证分析的样本，发现人口老龄化对促进东北三省的产业结构升级可以起到正向积极的促进作用。张杰和何晔（2014）认为人口老龄化导致我国制造业的劳动力成本优势逐渐丧失，但会形成强大的倒逼机制，可能将在一定程度上成为我国制造业部门优化升级的内生动力。楚永生等（2017）运用空间计量模型（SEM）实证研究老龄化对制造业结构升级的影响，结果表明，人口老龄化可以通过刘易斯拐点效应和人力资本积累效应等方面促进制造业结构不断优化升级。

还有学者提出人口老龄化在不同时期或不同区域对产业结构升级的影响存在差异。陈颐和叶文振（2013）通过向量误差修正模型，以我国台湾地区为研究对象，实证分析人口老龄化与产业结构之间的动态关系，认为老龄化与产业结构高级化二者相互影响，短期内人口老龄化对产业结构升级显现负面作用；但长期来看，其正面效应会逐渐递增。聂高辉和黄明清（2015）利用系统广义矩估计（SYS-GMM）分析老龄化对产业结构升级的动态效应与区域差异，发现老龄化对产业结构升级的影响存在地域差异，他们认为在我国的东部和中部地区人口老龄化可以促进产业结构升级，而在西部地区则会抑制产业结构升级。卓乘风和邓峰（2017）借助空间权重矩阵，分析老龄化推动产业结构升级的区域差异性，发现老龄化对全国整体和我国西部地区的产业结构升级产生负向冲击，对中部地区产业结构升级存在正向作用，对东部地区影响不显著。金英君（2018）利用空间杜宾模型（SDM）分析人口结构对产业结构的作用，认为在不同区域内人口年龄结构对于产业结构升级的作用有所不同。赵春燕（2018）研究了人口老龄化对产业结构升级的非线性影响，认为老龄化对产业结构升级的影响存在明显的门槛特征，即如果一个地区的城镇化水平高于门槛值，老龄化会促进产业结构升级；若城镇化水平低于门槛值，老龄化则会阻碍产业结构升级。刘成坤（2019）从理论机制和数理模型两方面，论证了老龄化对产业结构调整的影响，他认为在人均 GDP 低于第一个门槛值时，老龄化会对产业结构高级化产生明显的积极推动作用，随着人均 GDP 水平的上升，这种正面影响逐渐减小。同时，他提出在我国中部和西部地区，人口老龄化对产业结构升级产生的作用明显强于东部地区。曾瑶（2022）利用 2000—2019 年的全国 30 个省（自治区、直辖市）的面板数据，分析我国东部、中部、西部三大区域老龄化与产业结构服务化和产业结构技术化的关系，其结果表明：关于人口老龄化对产业结构服务化的影响方面，在我国西部地区的推动作用比东部、中部地区更为明显；关于人口老龄化对产业结构技术化的影响方面，在中部地区起到负向的抑制作用，而在东部、西部区域则起到正向的推动作用。

三、文献述评

从以往文献可以看出，国内外关于人口老龄化对居民消费、储蓄、经济增长等宏观经济总量影响的研究相对丰富和成熟，而关于老龄化对产业结构影响问题的研究兴起较晚。但是，无论是从定性的理论机制研究，还是定量的实证检验，均能证明人口结构的变动和人口老龄化与经济增长和产业结构变迁之间存在明显关联。

综上所述，由于人口老龄化对产业结构调整的影响非常复杂，而且不同国家、不同地域的老龄化程度呈现出不同的特点，其对产业结构也会产生不同的影响，因此不同学者针对不同的研究对象、采用不同的研究方法，也得到了不尽相同的结论。本研究为增强分析的针对性，选择山东省作为分析样本，实证分析老龄化对山东省三次产业结构的影响，并积极探索顺应人口年龄结构变动趋势下产业结构的优化路径。

第三节 研究思路及研究框架

一、研究思路

首先对研究背景和研究意义、国内外研究现状、人口老龄化和产业结构相关概念和理论进行了梳理,从劳动供给效应、消费结构效应等方面剖析老龄化对产业结构的影响机理。然后,以山东省为例,基于全省的老龄化和产业结构现状,借助灰色关联分析模型,分析山东省人口老龄化与居民消费结构和三次产业的灰色关联度,再通过构建向量自回归模型(VAR),利用脉冲响应图和方差分解实证分析人口老龄化对产业结构变迁的影响。最后,基于理论分析和实证研究的结果,提出人口老龄化背景下的产业结构优化路径。主要思路如图1-1所示。

二、研究内容

在梳理人口转变和产业结构演进等相关理论的基础上,从劳动供给效应、消费结构效应等方面剖析老龄化对产业结构的影响机制;选择山东省作为分析样本,基于山东省的老龄化和产业结构现状,分析人口老龄化对产业结构变迁的影响,并在借鉴发达国家产业结构转变经验的基础上提出政策建议,以期为老龄化加深背景下的地区产业政策制定提供参考。研究共包含八章,主要内容如下:

第一章,绪论。本章分析了人口老龄化和区域产业结构调整的研究背景及研究意义,针对国内外的人口学家、经济学家在老龄化与产业结构关系方面进行的研究和成果现状进行述评,并从研究思路、研究内容、研究方法和创新点四个方面阐述本研究的研究框架。

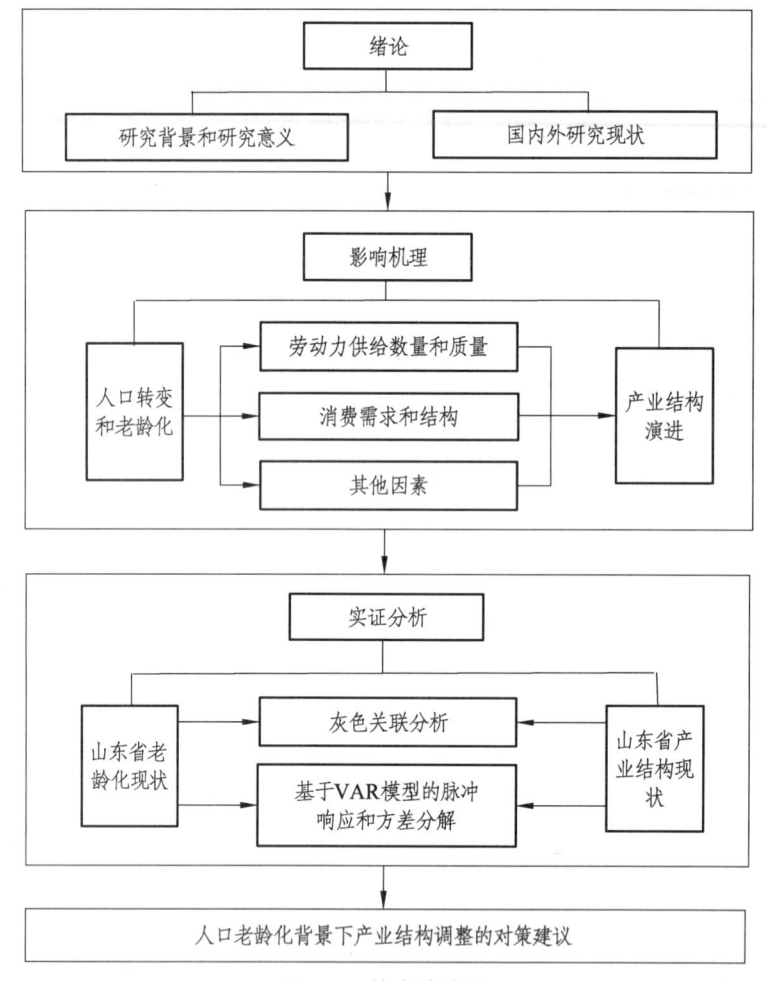

图 1-1　技术路线图

第二章，人口老龄化及相关理论。首先，就人口结构、人口年龄结构和人口老龄化的有关基本概念和衡量方法进行理论分析。在此基础上，分析中国老龄化现状及特点。自我国正式步入老龄化社会后，我国老年人口数量增长迅速，老龄化呈现出发展速度快、未富先老、老龄化区域差异大、高龄化明显等几个方面的特点。其次，基于兰德里、汤普森、诺特斯坦等的人口转变理论，从经济、社会、政策等方面分析老龄化的成因，并探讨自中华人民共和国成立以来，我国的人口如何从"高出生、高死亡、高增长"，到"高出生、低死亡、高增长",再到"低出生、低死亡、低增长"的转变历程。

第三章,产业结构及相关理论。首先就产业和产业结构相关概念进行理论分析,解释产业的划分和产业结构的多层次性、相对性和相关性。然后,基于配第-克拉克定理、霍夫曼定律、库兹涅茨法则和钱纳里工业化阶段理论,梳理经济社会发展中产业结构演进的一般规律。最后,介绍产业结构调整的评价指标,分为产业结构合理化和产业结构高级化的含义及判断标准。

第四章,人口老龄化对产业结构调整的影响机理。基于需求和供给两个角度分析人口老龄化对产业结构调整影响的作用机理,从而得出人口老龄化与产业结构调整的内在联系。首先,分析劳动供给数量、劳动生产率和人力资本积累的变动对产业结构带来的影响;其次,分析老龄化引起的居民消费结构变动对产业结构的影响;最后,阐述老龄化带来的储蓄率、老年负担等因素变化对产业结构的影响。

第五章,山东省人口老龄化和产业结构现状。首先,梳理山东省人口转变历程,将山东省的人口结构和老年系数与全国平均水平进行对比,分析山东省人口老龄化的现状及特点,即山东省比全国更早地进入了老龄化社会,并呈现出老年人口规模庞大、老龄化进程加快、未富先老、地区和城乡老龄化程度差异明显等特点。其次,从经济总量、人均GDP、一般公共预算收入、经济结构、开放经济水平等方面评估山东省经济社会发展现状,并同经济发达省份进行对比。最后,从三次产业产值结构、就业结构和投资结构三个维度分析山东省产业结构现状。无论从产值结构,还是就业结构和投资结构,目前山东省内"三、二、一"的产业结构格局进一步得到巩固,现代服务业增势强劲,第三产业已经成为山东经济增长的主引擎,对稳定经济增长和带动就业起着积极作用,但山东第三产业占地区生产总值的比重长期低于全国平均水平,对现代农业和制造业高质量发展的支撑作用有待进一步加强,转型升级任务依旧艰巨。

第六章,基于灰色关联的人口老龄化与产业结构调整分析。基于灰色关联分析模型,实证分析山东省人口老龄化与居民消费结构和三次产业的灰色关联度。山东老年人口比重对医疗保健支出和交通通信支出的关联影响明显,这会给老龄大健康产业和老年旅游产业的发展带来契机。而老年人口比重对食品烟酒和教育文化娱乐的关联影响明显小于其他年龄段，究其原因，这应该与山东省相关老年消费市场开发不足有关。从老龄化与产业结构的关联影响来看，山东老年系数与第三产业关联影响最大，其次是与第二产业，与第一产业关联度最小。这可能是由于老龄化推动老年人更加关注身体健康和生活质量，进而推动了老年医疗保健业、老年旅游业、老年生活服务业等养老服务业的持续发展。

第七章，基于 VAR 模型的人口老龄化对产业结构影响的实证分析。从产业结构合理化和产业结构高级化两个维度，选取产业结构泰尔指数、产业结构升级指数、老年系数、外商直接投资和城镇化率五个变量，通过平稳性检验、协整检验，在构建 VAR 模型的基础上，利用脉冲响应图和方差分解实证分析山东省人口老龄化对产业结构的影响。人口老龄化的正冲击可以引起山东省产业结构合理化的正向波动，增强产业结构偏离度，意味着山东省人口老龄化在短期内会阻碍产业结构合理化进程。人口老龄化的正冲击会引起山东省产业结构高级化的正响应，说明山东省人口老龄化会通过带动养老服务业等相关第三产业的发展，推动产业结构高级化的实现。

第八章，人口老龄化视角下产业结构调整的对策建议。通过完善休假制度、优化生育津贴政策和待遇保障机制、提高生育养育医疗服务水平等积极生育支持政策，优化山东人口结构，实现人口长期均衡发展；通过鼓励金融业和文化旅游业等新兴服务业的发展、鼓励企业加大科技研发投入等措施，促进劳动密集型产业向资本技术密集型产业的转移；完善养老保障体系，提升老年人的消费能力；加强政策扶持，激发养老服务市场活力，带动老年金融业、老年大健康产业、老年生活用品业等老龄产业的发展；加大教育投入，提升人口素质，促进人力资本积累；加强政策推动，吸引外资进驻；加快推进新型城镇化建设，实现新型城镇化建设与产业结构升级的联动发展。

三、研究方法

主要研究方法有：

1. 通过文献研究、专家访谈和实地调研，对本研究的时代背景、山东省人口老龄化和产业结构现状进行评估。

2. 规范研究与实证研究相结合。从供给和需求等方面分析老龄化对产业结构的影响机制，提出产业结构优化路径，属于规范分析。基于灰色关联分析模型，计算山东省人口老龄化与居民消费结构和三次产业的灰色关联度；通过平稳性检验和协整检验，在构建 VAR 模型的基础上，利用脉冲响应图和方差分解分析山东省人口老龄化对产业结构的影响，属于实证研究。

3. 定性分析与定量分析相结合。对老龄化影响产业结构的机理进行定性研究，并提出相应的政策建议；通过灰色关联分析模型，计算山东省人口老龄化与居民消费结构和三次产业的灰色关联度；通过构建数据指标和 VAR 模型，利用脉冲响应和方差分解，从动态的角度考察人口老龄化对产业结构合理化和高级化的影响，进行定量分析。

4. 比较分析法。通过研究美、日、韩等发达国家老龄化过程中的产业转变及政策经验，得出启示，以供借鉴。

研究的数据来源主要有：

1. 中外文献资料。针对人口老龄化和产业结构的关系，查阅了大量的中外文献资料，分析了传统理论对二者关系的解释，深入研究了其影响机理。

2. 实地调研、访谈所获信息。考察分析了山东省人口结构现状、经济社会发展现状和产业结构现状。

3. 统计资料。根据《山东统计年鉴》《中国统计年鉴》《中国人口和就业统计年鉴》《中国人口统计年鉴》《中国人口普查年鉴》的统计数据，整理得到全国和山东省人口老龄化、产业结构及经济社会发展的相关数据。

四、主要观点及创新之处

（一）主要观点

人口老龄化是人口发展的一个动态过程，是经济社会发展到一定阶段出现的产物，是当今世界包括中国在内的众多国家共同面临和关注的问题。山东省作为中国第二人口大省和计划生育的先进省份，比全国更早地实现了人口转型，进入到老龄化社会。目前，山东省老龄化呈现出老年人口规模庞大、老龄化进程加快、未富先老、城乡差异明显等特征。山东省产业结构由21世纪初的"二、三、一"模式转变为现在的"三、二、一"模式，产业结构不断升级，然而，山东第三产业占GDP的比重长期低于全国平均水平，产业转型升级任务艰巨。

人口年龄结构的状况及变动，既可能通过改变劳动力供给数量和质量，又可能通过改变消费需求等方面对产业结构产生影响。通过实证分析，人口年龄结构变动会对居民消费结构产生影响。从人口年龄结构变动的角度，无论是城镇居民还是农村居民，老年人口与医疗保健和交通通信的关联度较大，而对食品和文教娱乐的影响小于其他年龄段人口。从劳动力供给总量来看，一方面，人口老龄化会造成"人口红利"的消失，进而影响产业结构合理化进程；但另一方面，人口老龄化也会通过改变劳动力供给质量、储蓄结构和社会需求结构为产业结构转型升级创造新的需求。因此，人口老龄化背景下的产业结构调整既面临挑战，又存在机遇。山东人口老龄化与第三产业的关联度最大，与第一产业和第二产业的关联度较小。劳动密集型产业大多集中在第一、第二产业，人口老龄化导致劳动力老化，进而阻碍相应产业的生产活动，但老年人的特殊需求推动了老年医疗保健业、老年旅游业、老年生活服务业等养老服务业的发展。同时，人口老龄化通过增强山东省产业结构偏离度，延缓山东省产业结构合理化进程，但有利于产业结构高级化和服务化。因此，山东需要顺应老龄化的发展形势，转变产业发展方式，鼓励资金技术密集型产业和老龄产业发展，从而弱化老龄化的负向效应，强化其正向效应。

（二）创新点

研究的创新之处在于：其一，以往的研究多为关于人口老龄化对宏观经济总量影响的研究，本书重点剖析老龄化对产业结构调整的影响；其二，国内大部分研究侧重于对影响机制的定性分析，本书结合山东省人口老龄化和产业结构相关数据，基于灰色关联分析模型和VAR模型定量实证分析老龄化对产业结构的影响，并在此基础上提出产业结构优化路径。

PART TWO

第二章

人口老龄化
及相关理论

第一节 人口结构与人口老龄化

一、人口结构的概念及分类

人口结构又称"人口构成",是指在一定时期内某一国家或地区的人口构成状况。在短期内,人口结构具有相对的稳定性;在长期中,随着时间的推移和经济社会的发展,人口结构会有所变化。

按照人口结构所具有的属性,可以将其分为人口自然结构、人口社会结构和人口地域结构。人口自然结构是反映人口自然属性和特征的类型划分,主要有人口的年龄结构和人口性别结构;人口社会结构反映了人口的社会经济属性,主要包括人口的民族结构、家庭结构、宗教结构、产业结构、职业结构、教育结构等;人口地域结构是根据人口居住地的地域特征进行的划分,主要包括人口城乡结构、人口区域结构等。

随着社会的发展和分工的进一步细化,人口对社会经济发展的影响早已不局限于人口总量,每一种人口结构的变动都会对经济发展产生影响。因此,分析并研究人口结构,对于认识了解社会经济运行、研究人口发展与社会经济发展的关系具有一定价值和意义。

二、人口年龄结构及类型

由于本书主要分析人口老龄化对产业结构调整的影响,因此需要对人口年龄结构进行界定,并说明本研究各变量的衡量方法。

人口年龄结构是指在人口总体中各年龄组人口在全体人口中所占的比重,又被称为人口年龄构成。反映人口年龄结构特征的指标主要有以下几个:

1. 老年系数,指老年人口数占总人口数的百分比,用于反映人口年龄结构的特征以及人口老龄化程度。目前国际上通常把 60 岁及以上人口占总人口的比例达到 10%，或 65 岁及以上人口占总人口的比例达到 7%作为一个国家或地区进入老龄化社会的标准。本研究中把老年人口界定为 65 岁及以上的人口。因此，本书中老年系数计算公式为：

$$老年系数 = \frac{65岁及以上老年人口数}{总人口数} \times 100\%$$

2. 少儿系数，指 0~14 岁少年儿童人数占总人口数的百分比。计算公式为：

$$少儿系数 = \frac{0\sim14岁少儿人口数}{总人口数} \times 100\%$$

3. 老少比，亦称老化指数，即老年人数与少年儿童人口数量的百分比。计算公式为：

$$老少比 = \frac{65岁及以上老年人口数}{0\sim14岁少儿人口数} \times 100\%$$

4. 抚养比，也称负担系数，指总人口中非劳动年龄人口数量与劳动年龄人口数量的百分比，用于衡量劳动年龄人口的抚养负担，以说明每一百名劳动年龄人口需要负担的非劳动年龄人口数量。其计算公式为：

$$总抚养比 = \frac{老年人口数 + 少儿人口数}{15\sim64岁劳动年龄人口数} \times 100\%$$

5. 老年抚养比和少儿抚养比，指人口总体中老年人口数或少年儿童人口数与劳动年龄人口数之比。其计算公式分别为：

$$老年抚养比 = \frac{65岁及以上老年人口数}{15\sim64岁劳动年龄人口数} \times 100\%$$

$$少儿抚养比 = \frac{0\sim14岁少儿人口数}{15\sim64岁劳动年龄人口数} \times 100\%$$

6. 年龄中位数，亦称中位年龄，指将全部人口按年龄大小顺序排列时居于中间位置的人的年龄。

根据以上指标，可划分为 3 种不同的人口年龄结构类型，即年轻型、成年型和老年型（见表 2-1）。

表 2-1　人口年龄结构类型指标数值

类　型	老年系数	少儿系数	老少比	年龄中位数
年轻型	<4%	>40%	<15%	<20 岁
成年型	4%~7%	30%~40%	15%~30%	20~30 岁
老年型	>7%	<30%	>30%	>30 岁

三、人口老龄化及衡量

人口老龄化描述了人口年龄结构的变化过程，它是人口生育率降低和人均寿命延长带来的老年人口比重逐步增加的动态发展趋势，表现为年轻人口数量减少、老年人口数量增加。国际通行的判定老龄化社会的标准有两个：第一，根据 1956 年联合国《人口老龄化及其社会经济后果》规定，一个国家或地区 65 岁及以上人口占总人口的比例达到 7% 是其进入老龄化社会的标准；第二，1982 年维也纳老龄问题世界大会提出，一国或地区进入老龄化阶段的标准为 60 岁及以上人口占总人口比例超过 10%。为唤起全人类对老龄化问题的关注，1990 年联合国大会通过决议，指定每年 10 月 1 日为国际老年人日。1992 年联合国大会又通过《世界老龄问题宣言》，决定将 1999 年定为"国际老人年"。

不同的国家和地区由于受到文化、经济、社会发展等因素的影响，对于老年人的年龄起点也各有不同认定。本书根据联合国所确定的标准，将老年人口认定为 65 岁及以上的人口。老龄化是人口年龄结构变动所带来的经济社会变化，一般来讲，如果一个社会的人口年龄结构呈现出少儿比例下降，老年人口比重上升，并达到一定的比例，则可认定该社会正处于老龄化阶段。

衡量老龄化水平的相关指标主要包括：

1. 老年系数。老年系数是指老年人口占总人口的百分比，当 65 岁及以上人口占总人口的比例达到 7%时，就意味着某一国家或地区进入老龄化社会。

表 2-2　老龄化标准

老年系数	老龄化程度
7%~14%	轻度老龄化社会
14%~20%	中度老龄化社会
>20%	重度老龄化社会

2. 老年抚养比。老年抚养比是指老年人口数量与劳动年龄人口数量之比，可以用于表明每一百名劳动年龄人口需要负担的老年人口数量，老年抚养比越高，意味着某一国家或地区的老龄化程度越严重。

3. 老少比。老少比是既定老年人口数与既定少年儿童人口数的比例，能够反映一国或地区人口结构的变化，是衡量人口年龄结构或老龄化程度的重要指标。

四、中国的人口老龄化现状

人口老龄化是社会发展的重要趋势，是人类文明进步的体现。人类社会的老龄化现象由来已久，早在 19 世纪中期，欧洲的法国、瑞典等国家就先后进入老龄化社会。今天，老龄化现象已经席卷全球。我国是世界上人口最多的国家，同时也是全球第一的老年人口大国，随着人口老龄化的持续加深，老龄化成为当前和未来我国必然面临的人口常态和基本国情。中华人民共和国成立以后，尤其是改革开放以后，我国的人口年龄结构发生了巨大的变化，主要表现为人口自然增长率持续下降和人口老龄化日趋加剧。1953 年第一次人口普查时和 1964 年第二次人口普查时，65 岁及以上老年人口所占比重分别为 4.4%和 3.6%。从 1982 年第三次人口普查到 2000 年第五次人口普查，我国

65 岁及以上老年人口数量从 4 991 万人增加到 8 821 万人，老年系数提高到 7%，增加了 2.1 个百分点，这一数据说明我国正式开始步入老龄化社会。此后，我国老年人口数量增长迅速，人口的老龄化趋势日益凸显，并远超世界平均水平。2020 年第七次人口普查数据表明，我国 65 岁及以上老年人口数量增加到 19 064 万人，在全部人口中所占比重提高到 13.5%，老年抚养比提升至 19.7%，老少比更是由 2000 年的 30.4%提高到 2020 年的 75.4%，老龄化程度日趋加深（见表 2-3）。

表 2-3 中国历年人口年龄结构及老龄化指标

年份	0~14 岁/万人	15~64 岁/万人	65 岁及以上/万人	老年系数/%	老年抚养比/%	老少比/%
1953	21 563	35 251	2 621	4.4	7.4	12.2
1964	28 262	38 723	2 473	3.6	6.4	8.8
1982	34 146	62 517	4 991	4.9	8.0	14.6
1990	31 659	76 306	6 368	5.6	8.3	20.1
2000	29 012	88 910	8 821	7.0	9.9	30.4
2001	28 716	89 849	9 062	7.1	10.1	31.6
2002	28 774	90 302	9 377	7.3	10.4	32.6
2003	28 559	90 976	9 692	7.5	10.7	33.9
2004	27 947	92 184	9 857	7.6	10.7	35.3
2005	26 504	94 197	10 055	7.7	10.7	37.9
2006	25 961	95 068	10 419	7.9	11.0	40.1
2007	25 660	95 833	10 636	8.1	11.1	41.4
2008	25 166	96 680	10 966	8.3	11.3	43.6
2009	24 659	97 484	11 307	8.5	11.6	45.9
2010	22 269	99 938	11 894	8.9	11.9	53.4
2011	22 261	100 378	12 277	9.1	12.3	55.2
2012	22 427	100 718	12 777	9.4	12.7	57.0
2013	22 423	101 041	13 262	9.7	13.1	59.1

续表

年份	0~14岁/万人	15~64岁/万人	65岁及以上/万人	老年系数/%	老年抚养比/%	老少比/%
2014	22 712	101 032	13 902	10.1	13.7	61.2
2015	22 824	100 978	14 524	10.5	14.3	63.6
2016	23 252	100 943	15 037	10.8	15.0	64.7
2017	23 522	100 528	15 961	11.4	15.9	67.9
2018	23 751	100 065	16 724	11.9	16.8	70.4
2019	23 689	99 552	17 767	12.6	17.8	75.0
2020	25 277	96 871	19 064	13.5	19.7	75.4

数据来源：历年《中国统计年鉴》和历次全国人口普查公报。

具体到我国的情况来看，与发达国家的老龄化相比，我国在改革开放、计划生育、城镇化等多重政策的作用下，人均预期寿命明显延长，出生率快速下降，人口迁移进程加快，这使得我国老龄化的特点主要表现在发展速度快、未富先老、老龄化区域差异大、高龄化明显等几个方面。

（一）老龄化发展速度快

根据联合国颁布的人口老龄化标准，我国65岁及以上老年人口比重在2000年提高到7%，从此正式开始步入老龄化社会。进入21世纪后，我国65岁及以上老年人口数量增长迅速，老年人口比重的年均增长率明显高于世界平均水平，老龄化进程不断加快（见图2-1）。从2000年到2010年，我国老年系数由7.0%提高到8.9%，上升了1.9个百分点；老年抚养比由9.9%提升至11.9%，上升了2个百分点；老少比更是由30.4%提高至53.4%。第七次人口普查数据显示，截至2020年11月1日零时，全国60岁及以上老年人口数为26 402万人，占全国总人口的18.7%，比2010年第六次人口普查时提高了5.4个百分点；65岁及以上老年人口19 064万人，占全国总人口的13.5%，比2010年提高了4.6个百分点；全国老年人口抚养比为19.7%，与2010年相比，提高了 7.8 个百分点；老少比增加更为明显，由 2010 年的 53.4%提高到 2020 年的 75.4%。与上个十年相比，老年系数和老年抚养比的上升幅度分别提高了 2.7 和 5.8 个百分点。

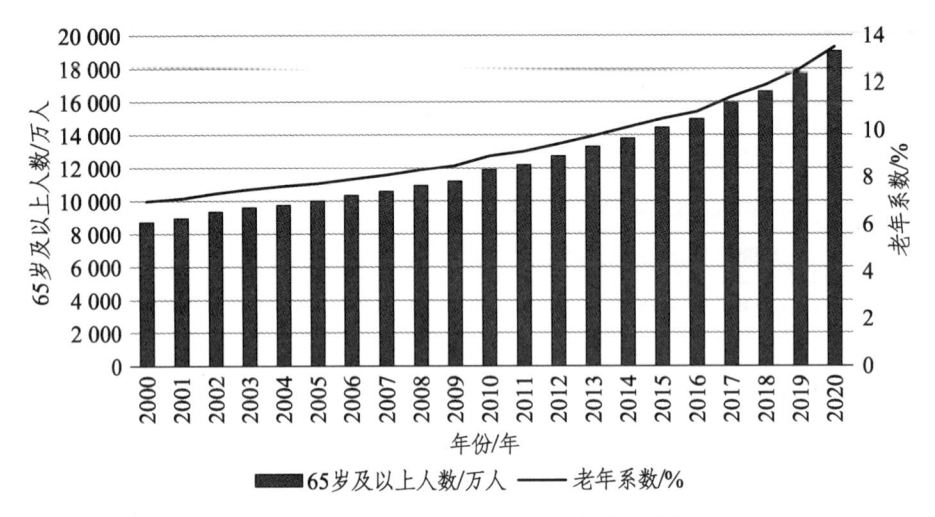

图 2-1　2000—2020 年我国人口老龄化变动趋势

（二）未富先老

纵观世界各国的老龄化进程，发达国家的老龄化发展进程比较缓慢，先有经济的快速发展和一定的物质基础，然后才进入老龄化社会。发达国家通常在进入老龄化阶段时，经济现代化已基本实现，同时具备了较完备的社会保障体系，其老龄化进程具有"先富后老"或"老富同步"的特点。发达国家 65 岁及以上人口所占比重达到 7%时，其人均 GDP 已经超过 1 万美元。而与发达国家相比，我国在 2000 年左右刚进入老龄化社会时，经济发展水平还相当有限，人均 GDP 还不足 1 000 美元，属于中下收入经济体，"未富先老"情况突出。同时，我国目前仍处于并将长期处于社会主义初级阶段，应对人口老龄化的经济和物质基础较为薄弱，相关的基础设施和人才储备也比较匮乏。因此，我国如何利用好现阶段的经济发展条件来满足数量庞大的老年人口的养老需求，是亟待解决的重要议题。

（三）区域差异大

我国的老龄化问题具有明显的省际差异和城乡差异，不同地区之间的老龄化程度和速度有着明显的区别。我国地域辽阔，区域经济发展不平衡。整体而言，我国的经济发展水平由东向西呈下降趋势；与之相对应，从省级层面看，人口老龄化程度高的省份东部较多，中部次之，西部地区人口老龄化程度最轻。上海作为我国最早进入老龄化行列的城市，1979 年上海 60 岁及以上老年人口占比达 10.2%，65 岁及以上老年人口比例达 7.2%，正式进入老龄化社会。在我国已进入老龄化社会的省（区、市）中，位于西部经济欠发达地区的青海、宁夏、新疆等地，人口年龄结构相对更为年轻，其老龄化程度也明显低于全国进入老龄化行列的其他地区。根据第七次全国人口普查的结果，西藏是我国唯一一个还未进入老龄化的省级行政单位，其 65 岁及以上老年人口比重为 5.67%。由此可见，我国的老龄化程度与地区经济发展水平总体上呈现正相关关系。

当然，除经济发展水平之外，人口迁移对地区老龄化程度也会带来明显影响。因为人口迁移主要是年轻人口由欠发达地区向发达地区的迁移，所以就容易导致人口迁出地老龄化进程加快，而人口迁入地老龄化延迟。正是由于青壮年人口的大量迁入，目前我国的广东省虽为经济大省，但其老龄化程度却相对较低。

此外，我国城乡老龄化不平衡问题突出。与城市相比，我国农村地区面临更严重的老龄化问题，而且农村居民的养老、医疗保障制度尚不健全，社会事业和基础设施建设也相对滞后，农村养老压力更大。在我国城镇化水平快速提高的影响下，农村大量青壮年劳动力流向城市，使得农村老年人口增多，尤其是独居老人和空巢老人较多，导致我国农村人口老龄化的程度和速度明显高于城市，我国的老龄化问题长时间存在城乡倒置现象。根据《2020 年度国家老龄事业发展公报》，2020 年我国农村 65 岁及以上人口占我国农村总人口的 17.7%，比城镇数据高出 6.6 个百分点。

(四)高龄化趋势明显

在我国老龄化进程不断加快的同时,高龄化趋势明显。高龄化就是80岁以上老人群体占全体老人的比例趋于上升的过程。随着经济社会的不断发展和科技、医疗卫生条件的提升,我国的人均预期寿命不断提高,1949年我国平均预期寿命仅约35岁,到2000年时已经达到了71.4岁,2010年进一步提升至74.8岁,再到2020年的77.93岁。70年来,我国居民的平均预期寿命提高了42.93岁。伴随着人均预期寿命的持续延长,我国老年人口的高龄化趋势明显。2011年我国80岁及以上老年人口比重为1.61%,2019年提高至2.19%,2020年第七次人口普查时达到2.54%。根据表2-4,不难发现近年来我国80岁及以上高龄老年人口占总人口的比重逐年上升,呈现出明显的高龄化趋势。根据中国人口与发展研究中心的预测,到2050年我国80岁以上老年人口数量将翻两番,我国将进入长寿时代,高龄化趋势将更明显。

表2-4 2011—2020年我国80岁及以上老年人口比重

年份	80岁及以上人口数/人	调查人数/人	抽样比	占总人口比重/%
2011	18 487	1 145 209	0.850‰	1.61
2012	18 649	1 124 661	0.831‰	1.66
2013	19 887	1 118 433	0.822‰	1.78
2014	20 997	1 124 402	0.822‰	1.87
2015	405 685	21 312 241	1.55%	1.90
2016	23 062	1 158 019	0.837‰	1.99
2017	23 733	1 145 246	0.824‰	2.07
2018	24 236	1 144 648	0.820‰	2.12
2019	23 921	1 091 876	0.780‰	2.19
2020("七普")	35 800 835	1 409 778 724	100%	2.54

数据来源:2012—2021年《中国统计年鉴》。

第二节 人口转变理论与老龄化成因

一、人口转变理论

人口转变理论最早由法国人口学家兰德里（Adolphe Landry）于1909年提出，他首先在《人口的三种主要理论》一文中提出了人口转变思想，并划分了人口发展三个阶段，这三个阶段与经济发展是相适应的。兰德里在1934年出版了《人口革命》一书，在书中他主要依据法国人口统计资料，结合出生率和死亡率的变化，系统地阐述了经济发展过程中的人口转变论，并进一步分析了人口发展的原始阶段、中期阶段和现代阶段：原始阶段生产力水平低下，经济发展缓慢，医疗卫生水平落后，生育无限制，人口再生产处于高出生率、高死亡率的状态；中期阶段经济发展较快，人们的生产和消费方式发生变化，为维持较高的生活水平人们往往晚婚甚至不结婚，从而降低了生育率，影响人口增长；现代阶段经济发展已达到很高水平，随着经济的发展，死亡率进一步降低，同时生活水平的提高改变了人们的生育观，人口再生产处于低出生率、低死亡率的状态。虽然兰德里的研究主要以法国人口统计数据作为依据，提出的人口发展三阶段理论缺乏普遍性和一般性，对出生率和死亡率转变的论述也还没有形成完善的理论体系，但却为三阶段论的人口转变模型奠定了基础。

1929年美国社会学家、人口学家汤普森（Warren Thompson）在其发表的著作《人口》中，从另外的视角考查了人口转变问题。他首次尝试分析世界各国人口增长模式，根据出生率、死亡率水平，并联系各国经济发展和生活水平，将世界各国划分为三类地区：第一类的特点是高出生率和高死亡率，主要由亚洲、非洲和南美洲的一些发展中国家构成，这些国家死亡率开始下降，但出生率仍未受到相应限制，人口增长潜力巨大；第二类国家的代表是意大利、西班牙和中欧各国，这些国家人口增长模式的特点是出生率和死亡率双下降，且死亡率下降速度比出生率更快；第三类国家的特点是低出生率、低死亡率，且出生率下降速度快于死亡率，人口增长率稳定在低水平，甚至减退，代表国家主要是西欧各国。汤普森的三阶段理论模型拓宽了人口转变理论的研究视角，实现了方法论上的较大突破，对后来人口转变理论的发展产生了重要影响。

后来，美国人口经济学家诺特斯坦（Frank Wallace Notestein）在 1945 年发表的《人口——长远观点》一文中，依据经济发展程度和人口发展状况，把世界各国归纳为三个类型：第一阶段，死亡率高而多变，出生率很高，人口具有高增长潜力；第二阶段的出生率、死亡率均开始回落，但人口增长相对较快，人口出生率的回落滞后于死亡率；第三阶段，出生率和死亡率都下降到很低水平，且与出生率的减退趋势相比死亡率相对比较稳定。1953 年诺特斯坦发表《人口变动的经济问题》，在原有研究的基础上更强调经济发展与人口转变的关系。在他看来，人口出生率会随着工业化、城镇化和经济现代化的推进不断降低；而医疗卫生条件改善的结果就是带来了死亡率的降低。此外，他还着重分析了从农业社会过渡到工业社会的人口转变，从而把人口转变的过程实际上划分成了四个阶段来进行研究。

在诺特斯坦对人口转变理论进行了系统的论述之后，有许多人口学家和经济学家对经济发展过程中的人口转变类型进行了阶段性划分，并提出了各自的人口转变理论，例如美国经济学家金德尔伯格（Charles P. Kindleberger）和赫里克（Brace Herrick）的人口转变四阶段论模型、布莱克（Charles Blacker）的人口转变五阶段论模型等。

这些理论模型的基本观点大同小异，都认为人口的转变与经济发展进程有着千丝万缕的联系。人口转变在由出生率和死亡率的高位均衡到非均衡，再到低位均衡的长期转变过程中，出生率的下降是关键，而促进人口出生率下降的关键则是经济的现代化。虽然这些人口转变理论不断完善和发展，但是大多数人口经济学家们却忽略了社会、教育、科技、政策等非经济因素对人口转变的影响。尽管如此，人口转变理论对于研究人口年龄结构的变动和老龄化成因依然具有重要的指导作用。

二、老龄化成因

根据人口转变理论和人口转变的现实情况，老龄化是由人口转变造成的，"低出生率、低死亡率、低自然增长率"是老龄化的阶段特点，事实上也是导致人口老龄化的基本动因。而一个国家或地区的人口转变与社会经济发展、人口政策等因素关系密切，因此，导致老龄化问题的根本原因大致可归结为以下方面：

1. 经济因素。工业化、城市化和经济的现代化对生育率下降起着重要的决定作用。虽然生育率是受多种因素共同影响的，但是大量研究证明，经济发展水平与生育观念、生育水平之间关联密切。一般而言，一个社会的经济发展水平越高，生育水平反而越低。

2. 社会因素。社会因素对生育率的变动起着重要的影响作用。家庭关系、妇女地位、文化教育水平等社会因素可以影响家庭对孩子的需求和接受生育控制的动机及意愿。一般来说，妇女地位和教育水平较高时生育率往往较低。

3. 生育政策。如果国家在一定范围内实施计划生育政策，一方面，可以通过控制人口的出生率和自然增长率来缓解人口和资源的矛盾，促进经济社会发展；另一方面，计划生育政策在一定程度上对生育率和出生人口数量起到限制作用，会加剧少子化、老龄化趋势。

4. 医疗水平。随着医疗技术水平的不断提高，优越的医疗卫生条件惠及范围越来越广，人们的生活水平和质量不断提升，人均预期寿命逐渐延长，老年人口数量和比重随之上升。

在以上诸多影响因素中，一般认为，经济因素依然是最根本的，社会因素、政策因素和医疗技术因素等非经济因素都是依托于社会的经济发展水平而对人口转变发生作用。随着各国经济、社会的发展，现代化带来了人们生育观念的转变，由过去传统的"养儿防老""传宗接代"等生育动机和需求，转变为满足亲子感情等需求，低生育已经成为大多数发达国家都普遍面临的问题，也将成为我国面临的现实问题。

三、中国的人口转变

中华人民共和国成立以后，随着经济的不断发展、医疗水平的提升和人口控制政策的实施，我国的人口发展经历了从"高出生率、高死亡率、高自然增长率"到"高出生率、低死亡率、高自然增长率"再到"低出生率、低死亡率、低自然增长率"的发展过程（见表2-5）。

表2-5 中国历年人口数、出生率、死亡率和自然增长率

年份	人口总数/万人	出生率/‰	死亡率/‰	自然增长率/‰
1949	54 167	36.00	20.00	16.00
1953（"一普"）	58 796	37.00	14.00	23.00
1964（"二普"）	70 499	39.14	11.50	27.64
1970	82 992	33.43	7.60	25.83
1978	96 259	18.25	6.25	12.00
1982（"三普"）	101 654	22.28	6.60	15.68
1990（"四普"）	114 333	21.06	6.67	14.39
2000（"五普"）	126 743	14.03	6.45	7.58
2001	127 627	13.38	6.43	6.95
2002	128 453	12.86	6.41	6.45
2003	129 227	12.41	6.4	6.01
2004	129 988	12.29	6.42	5.87
2005	130 756	12.4	6.51	5.89
2006	131 448	12.09	6.81	5.28
2007	132 129	12.1	6.93	5.17
2008	132 802	12.14	7.06	5.08
2009	133 450	11.95	7.08	4.87
2010（"六普"）	134 091	11.9	7.11	4.79

续表

年份	人口总数/万人	出生率/‰	死亡率/‰	自然增长率/‰
2011	134 916	13.27	7.14	6.13
2012	135 922	14.57	7.13	7.43
2013	136 726	13.03	7.13	5.9
2014	137 646	13.83	7.12	6.71
2015	138 326	11.99	7.07	4.93
2016	139 232	13.57	7.04	6.53
2017	140 011	12.64	7.06	5.58
2018	140 541	10.86	7.08	3.78
2019	141 008	10.41	7.09	3.32
2020（"七普"）	141 212	8.52	7.07	1.45

数据来源：各年《中国统计年鉴》和历次全国人口普查公报。

为了更加清晰、直观地看清我国人口转变的历程，根据表 2-5 中相关数据绘制了我国人口出生率、死亡率、自然增长率及人口总数的变化趋势图（见图 2-2 和图 2-3）。

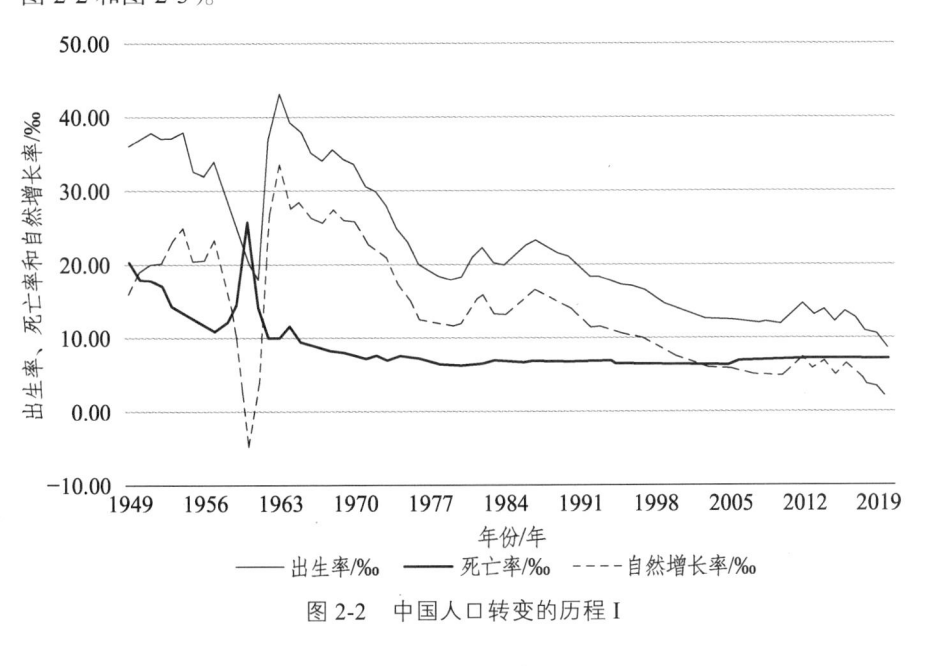

图 2-2 中国人口转变的历程 I

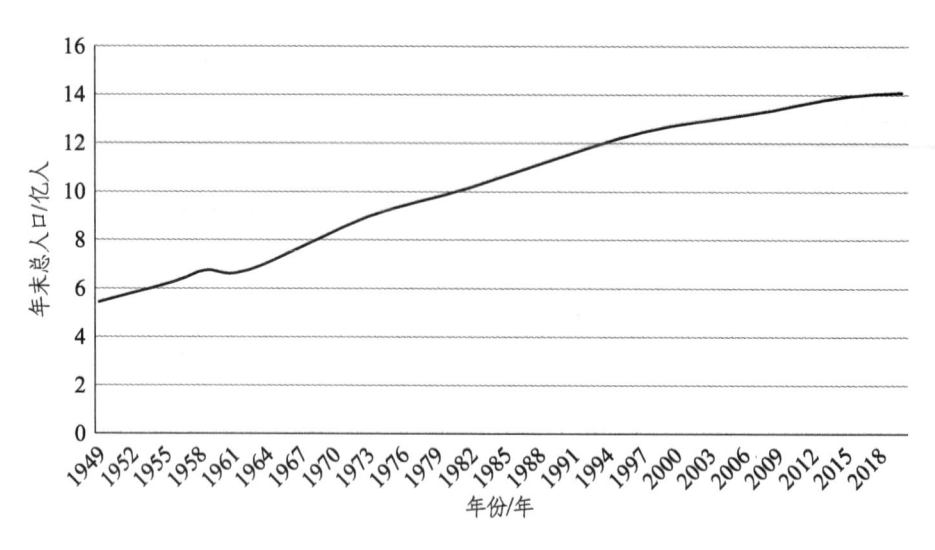

图 2-3 中国人口转变的历程Ⅱ

1949 年我国出生率和死亡率分别为 36‰ 和 20‰，人口总数为 5.416 7 亿人，处于典型的"高出生率、高死亡率"状态。后来，随着国家政治的稳定、经济的不断发展和医疗卫生条件的改善，死亡率逐渐下降到 1957 年的 10.8‰，中国的人口发展从"高出生、高死亡"转变为"高出生、中死亡"状态。这段时期是中华人民共和国成立后的第一次人口出生高峰期，人口膨胀较快。

1958—1961 年期间，由于受到自然灾害的影响，我国国民经济面临困境，人口死亡率大幅上升，出生率和自然增长率则大幅下降，尤其是在 1960 年我国人口自然增长率达到了 -4.57‰ 的历史最低值。

在此之后，随着国民经济调整政策的实施，我国经济逐渐恢复和发展，生育水平也继续上升，20 世纪 60 年代中期达到了中华人民共和国成立以来最高的出生水平，而与此同时，死亡率不断下降，特别是 1965 年死亡率下降到 9.5‰，开始向低死亡率模式转变，人口自然增长率达到 28.38‰。这一时期，我国人口增长较快，进入到中华人民共和国成立以来前所未有的人口增长高峰期。

1971年底，我国人口总数增长到8.522 9亿人，面对数量庞大且增长迅速的人口总数，政府开始感到人口增长的压力。1971年政府把控制人口增长的指标首次纳入我国国民经济发展计划，逐步推行以晚婚晚育为特征的计划生育工作。计划生育政策的实施实现了对人口出生率的有效控制，推进了我国人口转变的进度。人口出生率从1970年的33.43‰快速下降，1978年时降至18.25‰，与此相伴随的，是人口的自然增长率同时下降，从1970年的25.83‰下降到1978年的12‰。这个时期，我国人口出生率和自然增长率均明显下降，人口由高速增长模式向有计划的减速增长模式转变。

进入20世纪80年代，随着经济的迅速发展和人民生活水平的提高，生育率的变动趋势由多育的生育模式向少育转变，死亡率稳定在6.7‰左右，人口自然增长率处于波动状态。在20世纪80年代中后期，由于前两次人口出生高峰期出生的人口进入生育期，带来了第三波人口出生高峰。

20世纪90年代以后，由于我国严格推进计划生育政策，导致生育率和出生率水平下降比较明显。1991年和1992年总和生育率分别为1.65和1.52，大大低于2.1的替代水平。根据第五次人口普查数据，2000年我国的总和生育率降到1.22，人口出生率下降为14.03‰。2010年第六次人口普查时，我国人口出生率进一步降到11.9‰，根据《中国2010年人口普查资料》中的长表数据，2010年全国总和生育率为1.181 10，其中"城市"为0.882 10，"镇"为1.153 40，"乡村"为1.437 55。2010年的《世界人口数据表》显示，2010年全球平均每个妇女生育2.5个孩子，发达国家平均为1.7个，欠发达国家平均为2.7个，最不发达国家平均为4.5个，而欠发达国家扣除中国后的平均水平为3.1个。中国的总和生育率连世界平均水平的一半都不到，而且远远低于发达国家的平均水平。根据2021年5月17日公布的第七次全国人口普查结果，2020年我国育龄妇女总和生育率为1.3，总体上仍处于较低水平，人口出生率仅为8.52‰，人口自然增长率降到1.45‰。这可能是由于我国育龄妇女数量减少、"二孩"效应减弱等原因，同时，收入和生活的压力及不确定性，进一步降低了居民的生育意愿。这也预示着在未来相当长一段时间内，我国的青年人口将不能得到较好的补充，人口老龄化仍将呈加剧趋势。

PART THREE

第三章

产业结构
及相关理论

第一节 产业结构相关概念界定

一、产业的概念及划分

产业通常是指以社会分工为基础、生产物质产品和提供劳务的集合或系统,包括农业、工业、交通运输业、批发和零售业、住宿餐饮业、金融业、文教卫生业等部门。依据的划分标准不同,产业的分类自然就不一样。

虽然世界各国关于产业的划分并不完全一致,但是比较通行的是三次产业分类法。一般认为,三次产业分类法的创始人是英国经济学家、新西兰奥塔哥大学教授费希尔(Fisher A. G.)和英国经济学家克拉克(Colin Clark)。这一分类方法最早由费希尔提出。1935年,费希尔在《安全与进步的冲突》一书中,从世界经济史的角度首次系统地提出对产业的划分方法。他将人类生产活动的发展划分为三个阶段:第一阶段即初级生产阶段,人类的主要活动是农业和畜牧业;第二阶段开始于英国工业革命,以工业生产大规模发展为主要标志,纺织、钢铁和其他制造业的商品生产为就业和投资提供了广泛的机会;第三阶段开始于20世纪初,大量的资本和劳动力不是继续流入初级生产和第二级生产中,而是流入旅游、娱乐服务、文化艺术、保健等非物质生产部门,这是以非物质生产为主要特征的阶段。费希尔将处于第一阶段的产业称为第一产业,其特征是劳动对象取自于自然界;处于第二阶段的产业称为第二产业,这些产业主要是对取自于自然的生产物进行加工制造;处于第三阶段的产业称为第三产业,这些产业不提供有形物品,主要是一些劳动服务业。

尽管费希尔提出了三次产业的分类方法,但是缺乏更有规律性理论的总结。在1940年,英国经济学家和统计学家克拉克出版了《经济进步的条件》一书，在书中，克拉克在继承费希尔研究成果的基础上，运用三次产业分类法对产业结构问题进行了科学深入的归纳总结，研究了经济发展和产业结构变化之间的关系，从而使得产业结构理论的应用研究得到拓展，并且使三次产业分类方法得到普及。克拉克把整个国民经济划分成三个主要的部门，即现在普遍称作的三次产业：农业即第一产业，制造业即第二产业，服务业即第三产业。其中，农业包括种植业、畜牧业、狩猎业、渔业和林业。采矿业当时被认为处在边界线上，后来克拉克将其划入第二产业。制造业被定义为不直接使用自然资源，大批量连续生产可运输产品的过程。第三个部门即服务部门，由大量的不同活动组成，包括建筑、运输与通信、商业与金融、公共行政与国防、专业服务和个人服务业等。后来，人们为纪念克拉克对产业划分的贡献，又把这种产业分类方法称之为"克拉克产业分类法"。

我国对三次产业的划分始于20世纪80年代中期，目前的产业划分标准采用的是2017年6月30日发布的《国民经济行业分类》(GB/T 4754—2017)。这一标准是在2011年分类标准的基础上，结合我国经济活动特点，参照联合国《全部经济活动的国际标准产业分类》(ISIC/Rev.4)进行修订的。修订后的《国民经济行业分类》共有门类20个，大类97个，中类473个，小类1382个。主要门类具体为：

第一产业包括农、林、牧、渔业（不包含农、林、牧、渔服务业）。

第二产业包括采矿业（不包含开采辅助活动），制造业（不包含金属制品、机械和设备修理业），电力、热力、燃气及水生产和供应业，建筑业。

第三产业即服务业，指除第一、二产业以外的其他行业，这类行业往往直接面向消费者的需求，具体包括：交通运输、仓储和邮政业，住宿和餐饮业，信息传输、软件和信息技术服务业，金融业，房地产业，租赁和商务服务业，科学研究和技术服务业，水利、环境和公共设施管理业，居民服务、修理和其他服务业，教育，卫生和社会工作，文化、体育和娱乐业，公共管理、社会保障和社会组织，国际组织等。

二、产业结构的含义及特性

一般来说，"结构"一词是指整体各个构成部分的组合及相互关系。20世纪40年代，产业结构的概念在经济领域开始被使用。产业结构又可称为产业体系，从字面来看，可以将"产业结构"理解为各个产业之间的比例关系，也可以理解为某产业内部企业之间的关系。本书中对产业结构的理解倾向于前者，即产业结构是指各个产业在一个经济体中形成的技术经济关系，其本质是资本、劳动等各种生产要素在国民经济各个产业之间的比例分配。关于产业结构的衡量，通常有两种指标：一种是产值指标，即某一产业部门的产值占GDP的比重，反映了社会再生产的经济效果；第二种是就业指标，即各个产业部门的就业人口总数占总就业人口数的比重，反映了一个经济体的资源配置状况。

产业结构体现了国民经济中各个产业的构成及各产业之间的相互联系和比例关系，它是各要素有机组合而成的整体，具有多层次性、相对性和相关性的特性。顾名思义，多层次性体现为产业结构不是一成不变的，它在不同的经济发展阶段体现为不同的层次水平，产业结构会随经济发展由低级不断向高级演进。相对性表现为产业结构的合理化和高级化不是一成不变的，而是随着不同的社会发展阶段和经济发展水平而有所变迁。相关性体现为产业结构的各组成要素之间存在关联效应，在进行产业结构调整时，要注意产业间的协调。在不同国家的不同发展阶段，产业结构变迁规律的具体表现有所不同，对产业间各要素配置状态和产业运行规律的研究，可以更好地指导人类的产业活动，并且可以作为制定经济发展战略的重要依据。

第二节　产业结构演进的一般理论

一、配第-克拉克定理

配第-克拉克定理是揭示经济社会发展过程中产业结构演变的经验性理论。最早分析不同产业间就业结构变化规律的是17世纪英国经济学家威廉·配第（William Petty），他提出不同行业之间存在不同的劳动报酬，这种收入的差别引起劳动力由低收入行业向高收入行业流动，从而带来了就业结构的变化。在威廉·配第的研究成果基础之上，英国经济学家克拉克搜集整理了不同国家的统计资料，进行了国际比较和时间序列分析后，提出了就业人口在三次产业中的分布结构变化规律。他认为，随着时间的推移和社会经济发展水平的提高，不同产业之间的收入会出现相对差异，从而导致在经济发展过程中，就业人口会在产业之间转移变化。在一个经济体经济发展过程中，人均国民收入的提高，会使劳动力先从第一产业转移至第二产业；随着人均国民收入水平的进一步提高，劳动力又会向第三产业转移。

很明显，克拉克通过计量和比较不同收入水平下就业人口的分布变动趋势，主要采用了劳动力这一指标来说明产业结构的演进。根据配第-克拉克定理，人均国民收入水平越高的国家，农业就业人口在全部就业人口中所占比重相对来说越小，第二和第三产业中就业人口所占比重相对越大；反之，人均国民收入水平越低的国家，其农业部门的就业人口在全部就业人口中所占比重就越大，第二和第三产业就业人口所占比重就相对越小。

二、霍夫曼定律

1931年，德国经济学家霍夫曼（Hoffman）在其出版的《工业化阶段和类型》一书中，根据近20个国家工业化进程中的经验数据，提出了揭示工业化进程中工业结构变动规律的霍夫曼定律。他将工业划分为消费资料工业和资本资料工业，计算消费资料工业净产值和资本资料工业净产值之比（亦即霍夫曼比例或霍夫曼系数），并据此将工业化进程分成四个阶段。第一阶段，消费资料工业发展较快，在制造业中处于优势地位，资本资料工业不发达，在制造业中所占比重较小，霍夫曼比例系数为5（±1）；第二阶段中，消费资料工业的发展速度减缓，资本资料工业的发展速度较快，虽然消费资料工业的增长速度让位于资本资料工业的增长速度，但消费资料工业规模仍大于资本资料工业，霍夫曼比例等于2.5（±1）；在第三阶段，消费资料工业和资本资料工业的净产值大致相当，霍夫曼比例等于1（±0.5）；在第四阶段，资本资料工业不仅在增长速度上超过消费资料工业，而且在规模上超过消费资料工业的规模，霍夫曼比例系数小于1。

根据霍夫曼定律，随着一国工业化水平的提高，资本资料工业的产值比重不断上升，并最终超过消费资料工业的产值比重。在这一过程中，霍夫曼比例系数不断下降，这说明在一国工业化进程中，工业结构将出现由以"轻工业"为主向以"重工业"为主转变的特征。

三、库兹涅茨法则

美国著名经济学家库兹涅茨（Simon Smith Kuznets）从国民收入和劳动力在三次产业间分布变化的角度分析产业结构变化趋势。他把第一产业、第二产业、第三产业分别称为农业部门、工业部门和服务业部门，认为国民收入和劳动力在三次产业间的比例会随着时间的推移、经济的增长而不断发生变化。在经济发展水平较低时，农业部门在国民收入中的比重最大，工业部门次之，服务业部门比重最小。伴随着经济的不断发展，由于农产品具有低收入弹性，不同产业间技术进步也具有差异性，因此会导致农业部门的产值份额和劳动力份额都趋于下降；工业部门在整个国民收入中的产值比重大体是上升的，而其劳动力份额则会相对稳定或略有上升；服务业部门的产值份额大体不变或略有上升，同时其劳动力在全部劳动力中的比重上升明显。

库兹涅茨法则是在配第-克拉克定理的基础上发展起来的，它考查了长期经济增长过程中三次产业比重变动的规律和原因，揭示了产业结构变动的方向。

四、钱纳里工业化阶段理论

美国经济学家钱纳里（Hollis B. Chenery）对制造业内部的结构变动做了更深入的研究。他将制造业的发展划分成三个不同的阶段：在经济发展初期，食品、皮革、纺织等劳动密集型制造业部门对经济发展起主要作用；在经济发展中期，石油、化工、煤炭制造等资本密集型重型制造业部门对经济发展起主要作用；在经济发展后期，经济增长步入成熟工业经济阶段，随着人们生活方式的转变和消费结构的升级，技术密集型产业迅速发展。

钱纳里工业化阶段理论从经济发展的长期过程考查了制造业内部各部门的变化，揭示了制造业内部结构演变规律。

第三节　产业结构调整的评价指标

一、产业结构优化的含义及内容

产业结构的优化升级是指产业结构在消费需求、技术进步等因素的作用下往更高层次发展的动态演化过程，它是将产业结构合理化、产业结构高级化有机统一在一起的整体。因此，产业结构的优化调整程度可以从两个维度进行衡量，分别是产业结构合理化和产业结构高级化。产业结构优化的目的往往是实现产业结构合理化和产业结构高级化的统一。

产业结构的优化过程往往是通过政府的有关产业政策影响产业结构中的供给结构和需求结构，以及国际贸易结构和国际投资结构，从而实现产业资源的再配置，进而使产业结构实现合理化和高级化。其内容主要包括四大部分：

1. 供给结构的优化。供给结构指的是在一定价格水平下资本、劳动力、技术和自然资源等生产要素在各产业之间供给的比例，以及以这种供给关系为联结纽带的产业关联关系。供给结构的优化就是要对资本结构、劳动力供给结构、技术供给结构和资源的供给结构进行优化调整。

2. 需求结构的优化。需求结构主要指政府、企业、家庭或个人所承担地对各产业产品或服务的需求比例，以及以此为基础的产业关联关系。需求结构既包括政府需求结构、企业需求结构、家庭或个人部门的需求结构，以及它们的比例关系，也包括中间产品需求结构、最终产品需求结构，以及中间产品需求和最终产品需求的比例关系，还包括消费、投资等需求因素的结构以及相互之间的比例。需求结构的优化就是对各种经济主体需求的比例关系进行结构性调整。

3. 国际贸易结构的优化。国际贸易结构是指各产业产品或服务的进出口比例，以及以此为基础的产业关联关系，既包括不同产业之间的进口结构和出口结构，也包括同一产业之间的进出口结构比例。

4. 国际投资结构的优化。国际投资既包括外国资本的流入，也包括本国资本的流出。国际投资结构指的是外国对本国的投资和本国对外投资的比例结构、外国对本国的投资在不同产业之间的比例关系，以及本国对外投资的产业比例关系。

二、产业结构合理化

产业结构合理化是指产业间不存在较大的摩擦和阻碍,涉及产业之间各种关系的协调。产业结构合理化是产业之间能够协调发展与生产要素合理配置的反映,既可以衡量产业之间的各种协调和平衡程度,又可以反映生产要素的合理配置状况,其要求主要包含以下方面:

1. 各产业间的素质协调。这是指产业之间的技术水平不存在断层,劳动生产率不存在巨大反差。一般来说,如果各产业的比较劳动生产率数值分布离散而无序,说明各产业间存在较大摩擦,各产业素质不协调;如果各产业的比较劳动生产率数值分布比较集中,而且有层次性,说明各产业之间素质比较协调。

2. 产业之间的相对地位协调。这是指产业结构内部具有比较丰富的层次性,产业之间的主次和轻重关系比较适宜。一般情况下,各产业由于自身的特点以及在经济发展中作用的不同,不同产业在国民经济中所扮演的角色和所处的地位是不一样的,这样就会使产业结构具有明显的层次性。例如,在国民经济各产业中,有基础产业、支柱产业和先导产业的等级次序关系;在同一产业中,又有重点和一般的区分。衡量产业之间相对地位的协调比较复杂,常常会采用一组指标,其中比较重要的是产值结构指标。

3. 产业之间关联方式的协调。各产业之间存在着相互依赖、相互影响的关系,而以此为基础的产业之间相互影响的方式,就是产业与产业之间的关联方式。一般来说,产业关联分析法可以用于定量分析产业之间的投入产出关系。在研究产业关联时,如果各产业之间可以互相服务和互相促进,那么这种关联方式就是协调的;如果各产业之间彼此松散度较大,则说明产业之间互相服务功能差,其关联方式就是不协调的。

4. 供给与需求之间的协调一致。一般来讲,产业结构具有较强的自我调节能力,当需求发生变动时,产业结构的协调能力可以自发调节,使供给和需求之间不会出现较大的脱节；如果针对需求结构的变动，产业结构没有表现出调节作用，从而带来供给和需求的不匹配，这说明产业结构的供需之间不是协调一致的。

如果各产业之间相互作用的关系越协调，产业结构的整体水平就会越高，那么产业结构也就越合理；反之，如果产业间结构关系不协调，产业结构的整体水平就会降低，那么与之相应的产业结构就不合理。产业结构合理化的判断标准通常有以下方面：

1. 国际基准。国际上比较经典的产业结构标准有钱纳里等人倡导的标准产业结构模式、库兹涅茨的产业标准结构等。这些产业结构标准模式是在大量实证分析的基础上得到的，反映了产业结构演变的一般规律，可以以此作为参照，来判断经济发展的不同阶段上产业结构是否实现了合理化。

2. 需求结构基准。因为产业结构需要满足市场需求，所以可以以产业结构和需求结构相适应的程度作为判断产业结构是否合理的标准。二者适应程度越高，产业结构越合理；反之，二者不适应或很不适应，则产业结构不合理。这一方面常用的指标有需求收入弹性和生产收入弹性。其中，需求收入弹性是某种商品或服务需求量变化的比率除以人均国民收入变化的比率得到的，生产收入弹性是某种商品或服务生产量变化的比率除以人均国民收入变化的比率得到的。如果二者恰好相等，则表明产业结构可以满足市场最终需求。通过二者差值的大小，可以判断产业结构对市场需求的满足程度。

3. 产业间比例平衡基准。即判断产业结构合理与否，是以各产业之间的比例是否均衡作为标准。这一方面常用的指标有比较劳动生产率、影响力系数和感应度系数等。比较劳动生产率一般用某一产业产值份额与该产业劳动力就业份额的比值来衡量。影响力系数和感应度系数都是用投入产出分析来衡量国民经济各产业生产活动变化对其他产业生产活动产生的影响大小，或受其他产业部门生产影响的程度。

三、产业结构高级化

产业结构高级化是指产业结构从低级水平向高级水平的发展过程,包括在整个产业结构中由第一产业为主的经济结构不断向第二、第三产业占优势比重演进;由劳动密集型产业占主导地位不断向资金、技术密集度更高的产业占优势比重演进;由原来以生产低附加值的初级产品产业为主导,逐渐演变为以制造中间产品、最终产品的高附加值产业占主导。

一个经济体产业结构高级化的衡量,既可以截取同一研究对象不同时点进行纵向比较,也可以选取参照对象进行横向比较,常用的判断标准包括:

1. "标准结构"方法。这种方法为确定一国产业结构的高级化程度,通常是将一国的产业结构与世界上其他国家产业结构的平行高度进行比较。

2. 相似性系数法。这是一种以某一参照国的产业结构为标准,将本国的产业结构与参照国产业结构进行比较,通过计算相似性系数来确定本国产业结构高级化程度的方法。

3. 软化度判别法。产业结构软化包含两个层次的含义:一是在产业结构的演进过程中,第三产业(软产业)在国民经济中所占比重不断上升,即出现了"经济服务化"的趋势;第二是指随着产业结构的高加工度化和技术集约化,对信息、服务、技术和知识等(软要素)的依赖大大加强。

产业结构合理化和产业结构高级化在产业发展过程中互相渗透、互相联系。一般来说,要实现产业结构的高级化,必须要使其结构合理协调化;产业结构层次越高,发展水平越高,就越需要有合理化的结构调整要求。产业结构合理化的实现,一般需要在产业结构高级化的动态过程中进行。产业结构合理化是一个不断调整各产业间比例关系、提高产业关联度、实现要素合理配置的过程，而这个过程其实也是产业结构发展到更高层次的过程。因此，产业结构合理化和高级化是互为支撑、相互作用、相互促进的。

PART FOUR

第四章

人口老龄化对产业结构调整的影响机理

人口结构是决定经济稳态增长的重要因素，随着老龄化程度的逐渐加深，毋庸置疑，将对产业结构产生极大影响。从理论机制方面来看，人口老龄化主要通过影响劳动力供给数量和质量、消费需求及结构、储蓄率和老年负担等方面，进而引起产业结构的调整。

第一节　劳动供给变动对产业结构的影响

劳动力是经济发展中的重要生产要素，在经济增长过程中具有不可忽视的作用。老年人口比重增加，必然导致劳动年龄人口的减少，影响劳动力供给的数量和质量，进而影响企业的生产活动和地区经济发展速度及质量，从而推动产业结构转型调整。

一、劳动力供给数量

人口是劳动力的源泉，一个经济社会的人口规模和人口结构可以决定该社会的劳动力供给数量。由于老龄化的到来，伴随着老年人口比重提升，劳动年龄人口比重相应下降，会导致劳动供给数量的减少，劳动参与率下降。目前，比我国更早进入老龄化社会的欧洲、美国、日本等发达地区和国家大都面临这一问题。作为人口大国，我国过去经济的高速发展得益于"人口红利"，廉价的劳动力资源可以使我国在国际贸易中获得价格优势，从而扩大国际贸易，为经济发展积累实力。然而，我国 15~64 岁的劳动年龄人口比重从 2011 年开始下降，其绝对数量自 2013 年到达 10.1 亿的峰值后逐年缩减，这表明随着人口老龄化进程的加快，劳动力供给数量正在不断减少，传统意义上的人口红利将逐渐消失，我国迎来"刘易斯拐点"。不言而喻，"刘易斯拐点"的到来，会给经济发展带来诸多挑战。当一个经济体中出生人口数量减少、老年人口规模迅速膨胀时，会给整个社会带来抚养结构的转变，必然使劳动年龄人口比重下降，从而影响劳动力的有效供给，进而使得劳动力成本持续上升。

"人口红利"逐渐消失，如果产业发展模式不变的话，就会出现劳动力短缺，"用工荒"不断加剧，进而造成劳动力价格上涨、用工成本增加的倾向。劳动力供给格局的这种改变，一方面会对以低劳动力成本为比较优势的劳动密集型产业造成负面影响，而另一方面又会促使一个经济体更多地进行研发创新，使用更为先进的机器设备，采用智能化生产，向技术或资本密集型转变，进而促进产业结构的优化升级。但是，当这一"倒逼机制"没有形成或者没有充分发挥作用的时候，将会对产业结构升级产生明显的负向作用。除此之外，老年劳动力的恋旧心理和特定的专业技能使其在产业之间的流动性较差，很难满足产业结构调整对劳动力流动和转移的要求，从而给产业结构的调整和升级带来负面影响。

二、劳动生产率

劳动生产率是在一定时间内劳动者生产的劳动成果与其劳动投入的比值，它是影响经济和产业发展的重要变量。人口老龄化除了会带来劳动力供给数量的萎缩，还会对劳动生产率的变化产生影响。在人口老龄化的同时，劳动力人口的年龄结构也在发生变化。我国 15~64 岁的劳动年龄人口中，55~64 岁的高龄劳动力群体占比从2000年的10.64%提高至2010年的13.10%，2020 年进一步上升至 18.10%。不同年龄段的劳动力存在着明显的个体异质性，其劳动效率存在差异，适合就业的产业也不同，这种劳动力人口年龄结构的变化势必会对产业结构调整产生一定的冲击。在整个社会不断趋向老龄化的过程中，还伴随有劳动年龄人口的老化。随着时间的推移，劳动年龄人口总体上也会逐渐老化。一方面，较高年龄劳动力的身体素质和接受新知识、新技能的能力都与年轻劳动力存在明显差距，为适应技术或资本密集型产业发展而进行的技能培训效果可能大打折扣，从而使得全社会的劳动生产率下降，不利于产业结构升级；另一方面，劳动力老龄化会迫使企业在生产中更多地采用可以替代劳动的技术，同时中高龄劳动人口比重增大意味着劳动力人口整体工作经验的积累和丰富，在一定程度上能够提高劳动力整体的劳动效率与质量，两者共同作用会为劳动生产率的提高带来有利影响，这在一定程度上或许能够部分抵消由于高龄劳动力劳动生产率下降所带来的负面效应。

三、人力资本积累和技术进步

新经济增长理论认为，全要素生产率的主要来源是技术进步。改革开放以来，我国综合人力资本水平的大幅提升是解释我国经济奇迹的一个重要角度。政府不断加大对教育的投入，实行九年制义务教育，减轻家庭教育负担；而且随着生活水平的提高和观念的转变，人们也更愿意进行教育投资，我国青年一代的平均受教育水平明显高于老龄人口。根据历次全国人口普查公报，2000年时我国每10万人中具有大学文化程度的为3 611人，全国人口中15岁及以上人口的平均受教育年限为7.62年；2010年每10万人中具有大学文化程度的增加为8 930人，15岁及以上人口的平均受教育年限提升至9.08年；2020年第七次全国人口普查时这两项数据分别上升至15 467人和9.91年。教育人力资本的改善可以缓解人口负增长时代劳动力数量减少的压力。因此，随着时间的推移和人口文化素质的提升，新一代人口进入老年生活，这部分群体所拥有的更高的教育人力资本积累为产业转型提供了更多的可能性。随着人力资本水平的提高与技术进步，不仅劳动者个人的技术水平、创新能力与综合素质不断提高，社会的全要素生产率也会随之提升，促进产业结构升级。

人口老龄化程度的加深意味着人口平均预期寿命的延长，目前我国的人均预期寿命已经从十年前的74.8岁增长到了78.2岁，这其实是实现了一个历史性的跃升。在人均预期寿命逐渐延长、人们的健康权益得到更好保障的条件下，人们便愿意花费更多的时间和精力接受教育，提高自己多方面的能力。虽然老年人的体力和精力有所下降，但是他们往往具有丰富的工作经验和知识技能，仍然可以从事某些适合的工作。调查显示，日本老年人和美国老年人在退休后经常会"退而不休"，继续从事一定类型的工作，如顾问、医疗护理、辅导、销售等。对于一些身体素质较好的低龄高素质老年人才，仍然可以通过返聘、非正式合同、自我雇佣等方式继续留在劳动力市场发挥余热，不仅有利于积极老龄化的实现，将"老有所为"和"老有所养"有机结合，减轻家庭和社会的养老负担，而且可以发挥老年人力资源的优势，提高社会中具有丰富经验劳动者的比重，为产业结构升级保留一批有经验的优秀劳动者，弥补老龄化带来的劳动力不足，推动人口红利由数量型转为质量型。而且，伴随着人口老龄化现象，可能会出现的还有少儿抚养系数的下降，家庭人均拥有孩子数量的下降，这就使得人们更愿意去培养孩子成才。以上因素均会促进我国的人力资本积累，提升综合人力资本水平，有助于产业向技术或知识密集度更高的方向发展。

第二节 消费结构变动对产业结构的影响

关于人口年龄结构变动对居民消费的影响，传统经济理论主要有两种有代表性的模型解释：一个是莫迪利安尼等（Modigliani et al.，1954）提出的生命周期假说（Life Cycle Hypothesis，简称 LCH），另一个是萨缪尔森（Samuelson，1958）提出的家庭储蓄需求模型（Household Savings Demand Model，简称 HSDM）。

根据生命周期理论，一个人的消费或储蓄行为是在整个生命周期内有计划地进行安排的，理性消费者会选择一个合理、稳定的消费率，接近其预期一生的平均消费。生命周期消费理论可以用以下公式表示：$C=a\times WR+c\times YL$。在这里，WR 为财产收入；a 为财产收入的边际消费倾向；YL 为劳动收入；c 为劳动收入的边际消费倾向。根据生命周期消费理论，人们总希望自己一生能平稳安定地生活，因此，人们会在整个生命周期范围内计划消费开支，年轻人往往会把家庭收入的绝大部分用于消费，有时甚至举债消费，导致消费支出超过收入；步入壮年后，收入逐渐增加，此时收入大于消费支出，他一方面要偿还青年阶段的负债，另一方面还要把一部分收入储蓄起来用于养老。一旦老年退休，收入下降，消费支出又会超过收入。因此，如果一个经济社会的人口年龄构成没有发生明显的变化，那么从长期来看其消费倾向是稳定的；但是，如果一个社会的人口年龄分布发生变动，则边际消费倾向也会随之改变。如果社会上青少年和老人比例增大，则消费倾向会提高；如果社会上壮年或者中年人比例增大，则消费倾向会下降。

萨缪尔森的家庭储蓄需求模型把后代数量作为影响消费的重要因素，认为家庭储蓄及养育子女二者均具有养老的经济功能，并且二者之间存在一种相互替代的关系。具体表现为：当家庭中的子女数量比较少时，父母就倾向于增加储蓄、减少消费来防老；反之，如果家庭中的子女数量比较多，父母会认为自己未来的养老得到保障，对养老的信心增强，家庭中的养老储蓄减少，消费比例自然就会有所提高。

根据以上理论，人作为经济活动和消费活动的主体，其年龄结构的变化必然带来消费需求水平、需求内容及消费结构的改变。传统的人口年龄结构呈橄榄型，少年儿童和老年群体位于两头，位于中间的劳动年龄人口占大多数。随着老龄化程度的不断加深，老年人口逐渐增加，人口年龄结构逐渐转变。人口年龄结构作为影响居民消费结构的主要社会因素，可以通过改变居民主观偏好、收入分配和经济发展水平等因素对消费结构产生影响，其主要作用机制有：

1. 通过微观需求层面的居民主观偏好影响消费结构。主观偏好是决定单个居民消费的主要微观因素。不同年龄阶段的需求主体具有不同的消费需求内容，从而表现为处于不同生命周期阶段的家庭，其消费支出项目的倾向是不一样的。随着老龄化的加深，老年人作为银发市场的主体，他们的消费在整个社会的消费市场中所占比重逐渐加大，势必会引起消费结构的变化。比如，老年人消费群体的生理机能日益退化，在视觉、听觉、味觉和反应等方面都与年轻人有着较大的差别,他们在消费需求方面有着不同于其他年龄段人口的明显特征,在吃、穿、住、用、行几个方面都有自身的消费需求特点。他们年老体弱,闲暇时间较多,往往偏好于健康、快乐、休闲、舒适的生活方式。因此,老年人往往对一般性食品的消费支出呈下降趋势,但是对保健类食品消费需求增加;穿着类商品会更多地关注其实用性和舒适性,并不会去追求名牌和时尚;居住环境追求清静、舒适;对医疗保健和休闲旅游等方面的需求增强。

2. 通过影响居民收入分配,进而影响消费结构。收入是影响居民消费及消费结构的最主要经济变量。随着人口年龄结构的变动,居民收入分配会有所改变。具体地说,年轻人刚刚步入社会时,收入不高;而步入壮年或中年时期,收入会逐渐增加,直至一生之中的顶峰;老年退休后,收入水平又会明显下降。因此,当一个经济社会的抚养比增大时,人均收入水平下降,居民消费将会受到抑制,消费结构也将发生改变。

3. 通过影响经济发展水平影响消费结构。当一个经济体中出生人口数量减少、老年人口规模迅速膨胀时,会带来整个社会抚养结构的转变,必然带来劳动年龄人口比重的下降,影响劳动力的有效供给,进而使得劳动力成本持续上升。"人口红利"逐渐消失,"用工荒"不断加剧,劳动力成本持续走高,进而导致物价上涨,消费受到抑制,经济发展动力不足,从而影响经济社会发展的方方面面,这正是人口年龄结构老化所带来的经济影响。当产出水平的发展受到影响时,居民人均收入和消费水平必然发生变化,从而带来居民和家庭消费支出结构的转变。

4. 通过宏观供给层面的产业结构影响居民消费结构。从供给的角度讲,人口年龄结构变动会通过影响劳动力供给等方面对产业结构调整产生影响。一方面,人口老龄化会导致劳动力供给数量的减少,进而导致产业结构调整所需要的劳动力不足;同时,劳动年龄人口比重的下降、社会养老成本的增加将导致社会财富的减少,从而使得产业结构调整所需的资金不足。另一方面,人口老龄化对产业结构和消费结构的调整升级也会带来一定的机遇。劳动年龄人口供给不足主要影响劳动密集型产业的发展,对产业结构升级具有一定的促进作用,可以促进劳动密集型产业向资金技术密集型产业的转型升级。生产是起点,消费是终点,从生产决定消费的角度,产业结构的调整和变动会影响和改变消费结构。

因此,随着老年人口的增加,他们对医疗保健、老年生活服务等方面的消费需求不断增强,社会的消费需求结构特点发生了变化,一系列迎合老年消费市场的"银发产业"应运而生,如医疗保健行业、老年生活用品行业、老年家政业、老年旅游业、老年房地产行业、老年教育业等。这些产业大多属于第三产业中的服务业,它们的产生与发展在为老年人口提供生活保障的同时,也带动了第三产业发展,进而促进产业结构升级。有研究表明,在社会保障体系相对比较完善、人均收入水平较高的发达国家,人口老龄化确实加快了消费服务业的发展,产业结构升级的老龄化效应更加清晰。但是,当人口老龄化水平较低或面临"未富先老"的局面时,老年产业发展阻力较大,难以形成大规模、发展成熟的老年产业。

第三节 其他因素对产业结构的影响

一、储蓄率

储蓄率指的是储蓄额在可支配收入中的占比,即可支配收入中扣除最终消费后的余额所占的百分比。人口老龄化程度的加深会引起储蓄和消费行为的改变,从而对社会储蓄率的变化产生影响。

首先,人口年龄结构的变化对居民储蓄具有重要影响,而居民储蓄又是国民储蓄中重要的一部分,它对一国国民经济的发展起着重要作用。在国民经济统计中,储蓄和消费二者之间呈现此消彼长的关系。随着居民储蓄的增加,一方面会对消费带来冲击,引起消费不足,阻碍经济发展;另一方面又可以为投资带来充足的资本,以此推动经济发展。根据生命周期理论,一个经济体的总储蓄和总消费会部分依赖于社会的人口年龄结构。如果社会上青少年和老人比例增大,则消费倾向会提高,储蓄率会降低;如果社会上中年人比例增大,则消费倾向会下降,储蓄率会提升。因此,如果一个社会的人口年龄分布发生变动,则消费和储蓄就会发生相应调整,当有更多的人处于储蓄年龄时,净储蓄则会上升。此外,基于家庭储蓄需求理论,家庭中的子女数量和家庭规模会影响居民储蓄。当家庭中的子女数量比较少时,父母就倾向于增加储蓄来以备养老;反之,如果家庭中的子女数量比较多,父母会认为自己未来的养老得到保障,则会减少家庭中的养老储蓄。一方面,我国出生率下降带来的"少子化"会导致年轻一代通过增加储蓄来养老,从而带来居民储蓄率的上升;另一方面,老年人口比重上升带来的"老龄化"又会使得家庭消费比例增加,储蓄率下降。

其次,人口老龄化也会影响企业储蓄率和政府储蓄率。在人口老龄化的同时,劳动年龄人口总体上也会逐渐老化,劳动力的高龄化会通过减弱劳动者身体和脑力机能及工作动机而带来生产效率的下降,从而导致企业收入下降。此外,老龄化带来的劳动力短缺会导致企业用工成本增加,盈利空间变小。再加之随着人口平均预期寿命的延长,老年人领取退休金的时间年限也随之延长,企业需要承担的养老金随之增加。一方面是收入的下降,另一方面是用工成本和养老金等支出的增加,最终可能导致企业储蓄率下降。

与对企业储蓄的影响相类似,人口老龄化同样会带来政府收入和支出的变动,从而影响政府储蓄。一方面,社会中的老年人口比重上升,劳动年龄人口规模和比重下降,会带来所得税税基的变化;另一方面,人口老龄化和长寿化会带来政府养老保障支出的增加,同时,老龄化需要政府不断完善医疗卫生体系和养老保险等社会保障体系,这些都会导致政府财政支出的明显增加。

因此,随着人口老龄化的加深,老年人口数量不断上升,这无论对居民的储蓄率还是对企业和政府的储蓄率,均会产生显著影响。当人们的储蓄行为发生变化时,这种资金流动的变化势必会引起产业结构的动态变化。

二、老年负担

随着人口老龄化加剧,老年人口抚养比会逐渐上升,人口老龄化带来的老年负担效应可从家庭影响和社会影响两方面进行分析。老年抚养比是 65 岁及以上的老年人口数量和劳动年龄人口数量的比值,可以在一定程度上反映一个经济社会人口老龄化的严重程度。在人口老龄化的同时,随着老年人口的不断增加和预期寿命的延长,越来越多的老年人口不再直接从事创造物质财富的工作,但是他们的消费支出却没有停止,尤其是老年医疗保健等方面的支出可能还会有所增加,而且因疾病、伤残、衰老等原因而失去生活能力的老年人数显著增加,这就会带来养老负担的加剧。1982 年第三次全国人口普查时,我国的老年抚养比为 8.0%,相当于大约每 12 名劳动力供养 1 位老人;2000 年我国刚刚进入老龄化社会时,老年抚养比为 9.9%,相当于大约每 10 名劳动力供养 1 位老人;但是,在 2020 年第七次人口普查时,我国老年抚养比为 19.7%,相当于大约每 5 名劳动力供养 1 位老人。

首先,老年抚养比的逐渐上升,会加重家庭的养老负担。老龄化带来的老年抚养比上升,需要家庭为老年人提供更多的资源,导致家庭负担增加,一方面会降低家庭消费欲望,使之削减消费支出;另一方面可能挤压少儿或青年的教育投资支出,从而减少人力资本,降低未来劳动供给的素质。

其次,从某种程度上看,老年抚养比的上升也意味着适龄劳动人群的比例减少,政府需要为不断增加的退休人员提供养老金、医疗和护理服务支出、社会福利费用等社会保障,尤其是养老金的压力可能是老龄化带来的最显著的难题。因此,随着人口老龄化的加剧,老年抚养比的上升意味着政府社会保障负担的加重和财政压力的增大,为弥补这一巨大支出,政府可能会增加税收,或减少其用于支持企业创新、国民教育、研发等方面的公共支出。

不管是家庭养老负担的增加,还是政府社会保障负担的加重,这些方面均会阻碍产业结构升级,这就需要政府妥善解决好养老保障方面的问题,以缓解未来老龄化高潮带来的养老压力。

PART FIVE

第五章

山东省人口老龄化
与产业结构现状

第一节　山东省人口老龄化的概况及特点

一、山东省人口老龄化概况

改革开放以后，随着计划生育工作的深入开展、医疗卫生条件的改善，以及人们生活方式的转变，山东省的人口年龄结构发生了明显的变化，实现了由"高出生率、低死亡率、高增长率"到"低出生率、低死亡率、低增长率"的现代人口再生产阶段的转变，人口自然增长率由 1982 年的 10.95‰ 下降至 2020 年第七次人口普查时的 1.31‰（见表 5-1）。

表 5-1　山东省历年人口出生率、死亡率和自然增长率　　（单位：‰）

年份	出生率	死亡率	自然增长率
1982（"三普"）	17.05	6.10	10.95
1990（"四普"）	18.21	6.96	11.25
1995	9.82	6.47	3.35
2000（"五普"）	10.75	6.29	4.46
2001	11.12	6.24	4.88
2002	11.17	6.62	4.55
2003	11.42	6.64	4.78
2004	12.50	6.49	6.01
2005	12.14	6.31	5.83
2006	11.60	6.10	5.50
2007	11.11	6.11	5.00
2008	11.25	6.16	5.09
2009	11.70	6.08	5.62
2010（"六普"）	11.65	6.26	5.39

续表

年份	出生率	死亡率	自然增长率
2011	11.50	6.10	5.40
2012	11.90	6.95	4.95
2013	11.41	6.40	5.01
2014	14.23	6.84	7.39
2015	12.55	6.67	5.88
2016	17.89	7.05	10.84
2017	17.54	7.40	10.14
2018	13.26	7.18	6.08
2019	11.77	7.50	4.27
2020("七普")	8.56	7.25	1.31

数据来源：2001—2021年《山东统计年鉴》和山东省历次全国人口普查公报。

1982年第三次人口普查时，山东省的人口出生率为17.05‰，从1985年开始，计划生育政策发生调整，农村独女户可以有间隔地生育二孩，再加上20世纪60年代中后期出生的人口陆续进入婚育年龄，山东人口增速回升，进入了中华人民共和国成立以来的第三个人口增长高峰。1990年第四次人口普查时，人口出生率提高到18.21‰，人口的自然增长率为11.25‰。1993年，政府进一步强化、优化计划生育工作的社会环境，山东人口增速进一步回落。与此同时，随着山东省经济社会的快速发展，居民生活水平不断提升，全省人口死亡率进入6‰~7‰的低水平阶段。至2000年第五次人口普查时，人口出生率降至10.75‰，死亡率为6.29‰，人口的自然增长率为4.46‰，人口结构呈现出"低出生率、低死亡率、低增长率"的特征，标志着山东进入现代型人口再生产阶段。

进入21世纪后的第一个十年，受中华人民共和国成立后第三次出生高峰出生人口进入生育期的影响，全省出生率较上个十年略有上升，年均出生率为 11.6‰，年均人口增长率为 0.6%。2011 年以来，山东省劳动年龄人口和育龄妇女开始减少，老龄化进程不断加快。为促进人口长期均衡发展，全省多次调整完善生育政策，包括取消生育间隔规定、实施"单独二孩"政策、"全面二孩""全面三孩"政策。受生育政策调整的影响，2014 年出生率提高到 14.23‰。由于 2015 年出生人口的减少和从 2016 年开始实施的"全面二孩"政策的影响，2016 年和 2017 年山东省人口出生率有明显上升，连续两年成为全国唯一一个出生率超过 17‰的生育大省。但是，从 2018 年以来，二孩效应减弱，出生率下滑明显，2020 年下降至 8.56‰。进入 21 世纪以后，随着老龄化程度的逐步加深，老年人口总量不断增加，人口死亡率略有升高，2020 年达到 7.25‰。在人口死亡率长期稳定在低水平的前提下，山东省人口平均预期寿命逐渐增加。1982 年第三次人口普查时为 69.2 岁，1990 年第四次人口普查时为 70.6 岁，接近发达国家水平，2000 年第五次人口普查时增至 73.9 岁，2010 年第六次人口普查提高至 76.5 岁，2020 年的第七次人口普查进一步提高到 79.2 岁，比 1982 年增寿 10 岁。

根据国际通用的人口年龄结构类型指标，在人口转变过程中，山东省的人口年龄结构类型发生了明显变化，由全面实行计划生育政策之前的"年轻型"转变为"成年型"，并最终过渡为"老年型"（详见表 5-2）。

虽然在中华人民共和国刚刚成立后的生育高峰期，使得山东省少年人口比重从 1953 年到 1964 年呈现上升趋势，但是在此之后，由于出生率不断下降，尤其是 1978 年改革开放以来计划生育政策的实施，0~14 岁少年人口比重明显是趋于下降的，而劳动年龄人口和老年人口所占比重迅速上升，山东人口年龄结构类型由最初的"年轻型"转变为"成年型"。根据 1982 年第三次人口普查数据，山东省 0~14 岁少年人口比重降为 31.0%，15~64 岁劳动年龄人口和 65 岁及以上人口比重分别上升为 63.4%和 5.6%。1990 年第四次全国人口普查时，山东省 65 岁及以上人口占比只有 6.2%，还未正式进入老年型社会，此时人口年龄结构类型虽然处于"成年型"，但部分指标已经显现出"老年型"特征，其中少儿系数为 26.6%，已经符合"老年型"人口年龄结构的某些标准。目前国际上通常把60岁及以上人口占总人口的比例达到10%，或65岁及以上人口占总人口的比例达到7%作为一个国家或地区进入老龄化社会的标准。山东省60岁及以上老年人口在1994年时达到899万，占全省人口总数的10.37%，如果按照60岁及以上老年人口占比超过10%这个判断标准，那么山东省的人口年龄结构开始过渡为"老年型"社会。如果按照65岁及以上人口占总人口的比例达到7%作为判断标准的话，1995年，山东省老年系数达到7.4%，超过7%的"老年型"社会标准，比全国早五年进入了老龄化社会。从此，山东省老年人口数量经历了一个快速增长的阶段。到2000年山东人口年龄结构进一步演变，0~14岁人口比重、65岁及以上人口比重分别为20.8%和8.1%。

进入21世纪以来，山东省0~14岁少年人口比重明显是趋于下降的，2013年降至16.1%。在这个过程中，随着计划生育工作的深入开展和医疗条件的不断改善，劳动年龄人口以及老年人口的数量和比重基本呈现增大的趋势。根据2010年第六次人口普查结果，在山东省常住人口里，0~14岁少年儿童人口数量是1 507.43万，占全省总人口的15.7%；15~64岁的劳动年龄人数为7 128.90万，占常住总人口的74.4%；65岁及以上的老年人有942.98万人，占总人口的9.9%。跟2000年的人口普查数据相比，0~14岁的少年人口比例下降了5.1个百分点，15~64岁的劳动年龄人口比例上升了3.3个百分点，65岁及以上老年人口占比上升了1.8个百分点。自2014年开始，随着计划生育政策的调整和老龄化的加深，全省人口年龄结构逐渐呈现出"两头增、中间减"的结构趋势特征，少年人口比重开始缓慢上升，劳动年龄人口比重逐年下降，老年人口比重基本呈现逐渐增加的态势。至2020年底的第七次人口普查时，0~14岁少年人口比重提高至18.8%，15~64岁劳动年龄人口比重降至66.1%，65岁及以上老年人口比重提高至15.1%。未来几年山东省老年人口仍将持续增长，依据老年人口占比和老年抚养比两个指标测算，从2021年开始到2030年山东省老年人口将迎来第二个增长高峰，山东省人口老龄化进程正处于加速阶段，老龄化问题将越来越突出。

表 5-2　山东省历年人口年龄结构　　（单位：%）

年份	0~14 岁	15~64 岁	65 岁及以上
1953（"一普"）	36.4	57.3	6.3
1964（"二普"）	40.9	54.6	4.5
1982（"三普"）	31.0	63.4	5.6
1990（"四普"）	26.6	67.2	6.2
1995	24.6	68.0	7.4
2000（"五普"）	20.8	71.1	8.1
2001	20.4	71.4	8.2
2002	18.8	72.7	8.5
2003	18.4	72.6	9.1
2004	17.1	73.7	9.2
2005	15.9	74.1	9.9
2006	15.3	74.7	10.0
2007	15.0	74.8	10.2
2008	15.6	74.1	10.3
2009	15.7	73.9	10.4
2010（"六普"）	15.7	74.4	9.9
2011	15.7	74.3	10.0
2012	16.1	73.5	10.4
2013	16.1	72.9	11.0
2014	16.4	72.0	11.6
2015	16.6	71.2	12.2
2016	16.4	70.4	13.2
2017	17.2	68.8	14.0
2018	18.1	66.9	15.0
2019	18.0	66.2	15.8
2020（"七普"）	18.8	66.1	15.1

数据来源：2001—2020 年《山东统计年鉴》和山东省历次全国人口普查公报。

二、山东省人口老龄化的特征

（一）老年人口规模庞大

山东省是全国第二人口大省，第一老年人口大省。山东省总人口从 2000 年的 8 997 万增长到 2020 年的 10 165 万，增加了 1 168 万人，增长率为 12.98%；65 岁及以上老年人口从 2000 年的 728.8 万增长到 2020 年的 1 536.4 万，增加了 807.6 万人，增长率达 110.81%。由此可见，山东省老年人口的增长速度远超过总人口的增长速度。作为全国老年人口数量最多的省份，从 2000 年到 2020 年，山东省老龄人口比重增加了 7 个百分点，平均每三至四年老年系数就上升 1 个百分点（见表 5-3）。

表 5-3　山东省老龄化相关指标

年份	总人口/万人	65 岁及以上人口/万人	老年系数/%	老年抚养比/%	老少比/%
1982	7 494	419.7	5.6	8.8	17.5
1990	8 493	526.6	6.2	9.2	23.3
1995	8 705	644.2	7.4	10.9	30.1
2000	8 997	728.8	8.1	11.4	38.9
2001	9 041	741.4	8.2	11.5	40.2
2002	9 082	772.0	8.5	11.7	45.2
2003	9 125	830.4	9.1	12.5	49.5
2004	9 180	844.6	9.2	12.5	53.8
2005	9 248	915.6	9.9	13.4	62.3
2006	9 309	930.9	10.0	13.4	65.4
2007	9 367	955.4	10.2	13.6	68.0
2008	9 417	970.0	10.3	13.8	66.0
2009	9 470	984.9	10.4	14.1	66.2
2010	9 579	948.3	9.9	13.3	63.1

续表

年份	总人口/万人	65岁及以上人口/万人	老年系数/%	老年抚养比/%	老少比/%
2011	9 665	966.5	10.0	13.5	63.7
2012	9 708	1 009.6	10.4	14.2	64.6
2013	9 746	1 072.1	11.0	15.0	68.3
2014	9 808	1 137.7	11.6	16.1	70.7
2015	9 866	1 203.7	12.2	17.1	73.5
2016	9 973	1 316.4	13.2	18.8	80.5
2017	10 033	1 404.6	14.0	20.3	81.4
2018	10 077	1 511.6	15.0	22.5	82.9
2019	10 106	1 596.7	15.8	23.9	87.8
2020	10 165	1 536.4	15.1	22.9	80.3

数据来源：根据 2001—2021 年《山东统计年鉴》整理。

根据山东省第七次人口普查数据，全省常住人口中，0~14 岁人口为 1 906.3 万人，占 18.78%；15~59 岁人口为 6 124.4 万人，占 60.32%；60 岁及以上人口为 2 122.1 万人，占 20.90%，占全国 60 岁及以上人口的 8.04%；其中 65 岁及以上人口为 1 536.4 万人，占 15.13%，占全国 65 岁及以上人口的 8.06%。与 2010 年第六次全国人口普查的数据相比，0~14 岁人口比重上升 3.04 个百分点，高出全国平均水平 0.83 个百分点，表明生育政策调整在山东省的实施效果明显；15~59 岁人口比重下降 9.19 个百分点，但总量仍超过 6 000 万，位列全国第二，劳动力人口资源依然充沛；60 岁及以上老年人比重上升 6.15 个百分点，65 岁及以上老年人占比提高 5.29 个百分点，人口老龄化程度进一步加深，成为山东省未来一段时间的重要省情。

根据山东省第七次全国人口普查公报，在山东省内的 16 个市中，65 岁及以上老年人口比重超过 14% 的市有 14 个，根据老龄化程度判定标准，这 14 个市均达到中度老龄化程度（见表 5-4）。

表 5-4　山东省各地区人口年龄构成　　　（单位：%）

地区	占总人口比重			
	0~14 岁	15~59 岁	60 岁及以上	其中：65 岁及以上
全　省	18.78	60.32	20.90	15.13
济南市	16.44	63.60	19.96	14.07
青岛市	15.41	64.31	20.28	14.20
淄博市	14.89	61.87	23.24	16.50
枣庄市	22.48	58.97	18.55	13.70
东营市	17.35	62.27	20.39	15.51
烟台市	12.10	62.22	25.68	18.12
潍坊市	17.37	60.87	21.77	15.81
济宁市	20.67	59.81	19.51	14.42
泰安市	17.37	60.57	22.06	15.62
威海市	11.82	60.88	27.30	19.26
日照市	18.36	59.21	22.43	16.03
临沂市	23.46	56.91	19.63	14.12
德州市	19.46	59.81	20.73	15.32
聊城市	23.47	57.57	18.96	13.97
滨州市	18.11	60.13	21.76	15.98
菏泽市	25.10	56.57	18.32	14.25

数据来源：山东省第七次全国人口普查公报。

（二）老龄化进程加快

如果按照联合国颁布的人口年龄结构类型划分标准，65 岁及以上人口占总人口的比例达到 7% 作为一个地区进入老龄化社会的标准的话，1995 年，山东省老年系数达到 7.4%，超过 7% 的"老年型"社会标准。自进入老龄社会以来，山东省老龄化进程明显逐渐加快。根据表 5-3，从 1995 年到 2000 年，山东老年系数从 7.4% 提高至 8.1%，上升了 0.7 个百分点，年均增长 0.14 个百分点；五年间，老年抚养比上升 0.5 个百分点；老少比提升 8.8 个百分点。步入 21 世纪之后，从 2000 年到 2010 年，山东老年系数从 8.1% 提高至 9.9%，上升了 1.8 个百分点，年均增长 0.14 个百分点；老年抚养比提高 1.9 个百分点；老少比上升 24.2 个百分点。从 2010 年到 2020 年，山东省 60 岁及以上人口增加了 709 万人，65 岁及以上人口增加 593.4 万人，老年系数上升了 5.2 个百分点；老年抚养比上升 9.6 个百分点，提高至 22.9%，即大约每 4.4 个劳动力抚养一位老人；老少比上升 17.2 个百分点。与上个十年相比，老年系数和老年抚养比的上升幅度分别提高了 3.4 和 7.7 个百分点。而且，山东省每一阶段的老龄化水平都高于全国平均水平（见表 5-5）。

表 5-5 山东省与全国历年 65 岁及以上老年人口所占比重　（单位：%）

年份	65 岁及以上老年人口比重 山东	全国	年份	65 岁及以上老年人口比重 山东	全国
1953（"一普"）	6.3	4.4	2008	10.3	8.3
1964（"二普"）	4.5	3.6	2009	10.4	8.5
1982（"三普"）	5.6	4.9	2010（"六普"）	9.9	8.9
1990（"四普"）	6.2	5.6	2011	10.0	9.1
1995	7.4	6.2	2012	10.4	9.4
2000（"五普"）	8.1	7.0	2013	11.0	9.7
2001	8.2	7.1	2014	11.6	10.1
2002	8.5	7.3	2015	12.2	10.5
2003	9.1	7.5	2016	13.2	10.8
2004	9.2	7.6	2017	14.0	11.4
2005	9.9	7.7	2018	15.0	11.9
2006	10.0	7.9	2019	15.8	12.6
2007	10.2	8.1	2020（"七普"）	15.1	13.5

数据来源：《山东统计年鉴》《中国统计年鉴》和全国人口普查公报。

未来几年山东省老年人口仍将持续增长。根据老年系数和老年抚养比两个指标测算，山东省人口老龄化进程从 2021 年开始加速发展，至 2025 年 65 岁及以上老年人口将占到总人口的 18%左右，2030 年将达到约 21.3%。由此可见，山东省人口老龄化进程正处于加速阶段，社会养老负担加重，老龄化问题将会越来越突出。

（三）"未富先老"特征明显

人口老龄化是全球共同面临的挑战，国际社会尤其是发达国家比较早地进入了老龄化社会。但是发达国家的人口老龄化进程非常缓慢，其生育率和死亡率是伴随着工业化、城市化和现代化而自然下降。当人口老龄化出现时，社会经济发展已处于较高的水平，社会保障体系也比较完善，因此，其老龄化速度水平与社会经济能协调发展。在发达国家，当 65 岁及以上人口所占比重达到 7%时，其人均 GDP 已经超过 1 万美元。而山东省在 20 世纪 90 年代中期进入老龄化社会，当时的人均 GDP 只有大约 520 美元，仅为发达国家的约 1/20。因此，与社会经济发展水平相比，山东省人口老龄化进程明显超前，承受老龄化的能力不强。

（四）人口老龄化程度存在地区和城乡差异

山东省内各地区之间、城乡之间的老龄化程度存在明显差异，究其原因，主要是由于各地经济发展水平、生育政策执行程度和生育观念等方面的不同。

地区之间老龄化发展水平的不平衡，主要体现在：东部沿海城市老龄化程度比较严重，西部地区相对较轻。根据 2020 年第七次人口普查数据，山东省各地市中老龄化程度最严重的是威海市，60 岁及以上老年人口比例高达 27.3%，65 岁及以上老年人口占比是 19.26%；其次为烟台市，老龄化率为 18.12%；第三是淄博市，老龄化率为 16.5%；老龄化程度较低的是枣庄市和聊城市，其老龄化率分别为 13.7%和 13.97%（见图 5-1）。

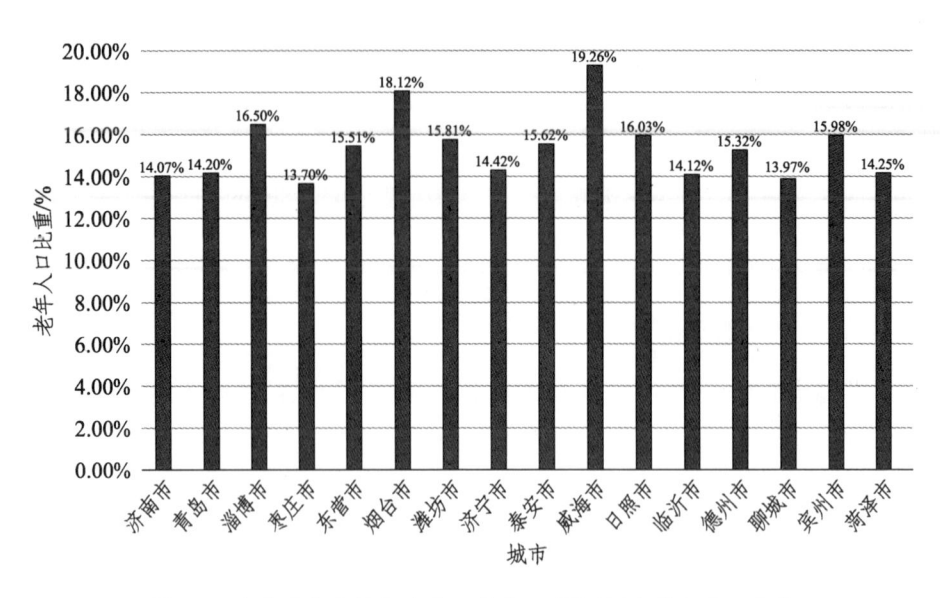

图 5-1 山东省各市第七次人口普查 65 岁及以上老年人口占比

山东省城镇和农村经济发展水平、人口迁移、生育政策和生育观念等方面的不同决定了城乡人口老龄化程度的差异。虽然山东省城镇和农村地区的人口年龄结构都趋于老化，但对比山东省城乡人口老龄化发展趋势（见图5-2），不难发现，2000 年以来，农村人口老龄化的进程要快于城镇；而且，在所有年份，农村人口老龄化程度均高于城镇。导致这一差距产生的主要原因在于城镇经济建设的需要，以及城镇在就业机会、医疗、教育等方面的优势，导致农村大量青壮年劳动力向城镇转移。此外，2000 年，全省农村老年人口比重为 9.15%，比城镇高 2.94 个百分点；2007 年，农村老年人口比重为 10.04%，比城市仅高出 0.64 个百分点，显示出当时城乡人口老龄化的差距在逐步缩小。然而，后来城乡老龄化差距又呈变大的趋势，至 2020 年，农村 65 岁及以上老年人口比重高达 20.62%，而城镇为 11.92%。这可能是因为随着户籍管理的逐渐松动，农村地区有更多的青壮年劳动力涌入城镇，使得城乡区域老龄化程度加大。

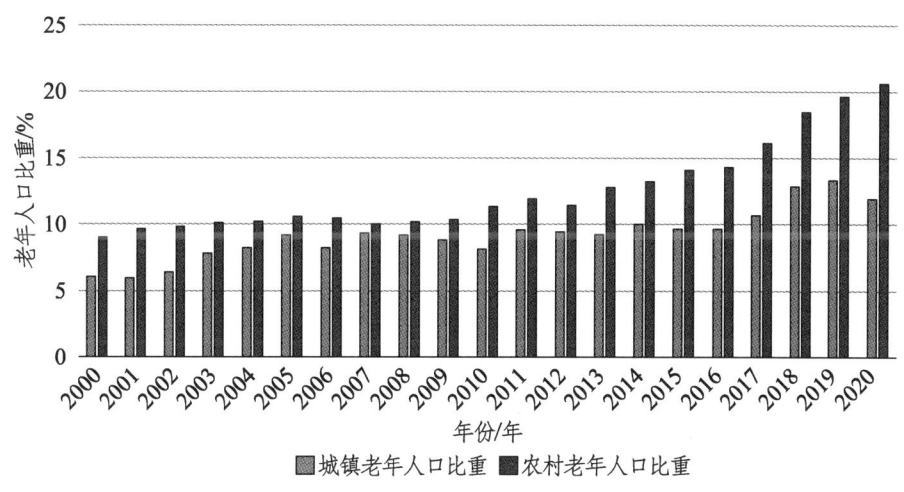

图 5-2　山东省 2000—2020 年城乡人口老龄化程度比较

第二节　山东省经济社会发展现状

山东省作为我国的人口大省、农业工业大省，自中华人民共和国成立以来，经济社会发生了翻天覆地的变化，经济总量和人均 GDP 不断攀升，各项主要指标位居全国前列，产业结构持续优化，经济效益不断提升，取得了一系列巨大成就，山东省经济实现了持续、健康的发展。

一、综合经济实力逐渐增强

（一）经济总量不断攀升

中华人民共和国成立以来，山东省经济总量不断攀升，经济实现跨越式发展。根据历年中国国内生产总值和山东省地区生产总值的比较分析可以看出，山东省 GDP 由 1952 年的 43.81 亿元增加到 2020 年的 7.31 万亿元，在 1988 突破 1 000 亿元大关，2002 年过 10 000 亿元大关，2014 年过 50 000 亿元，2019 年过 70 000 亿元，占全国 GDP 的比重由 1952 年的 6.45%提高到 2020 年的 7.20%，居全国各省区市第三位，经济地位逐渐凸显，显示地区经济增长能力强劲，是名副其实的经济大省。山东省地区生产总值在不断攀升的同时，其经济总量增长的速度也在不断加快，从中华人民共和国成立初期的约40亿元增长到百亿元、再从百亿元增长到千亿元均用了18年，从千亿元到万亿元用了14年，从万亿元到5万亿元用了12年，从5万亿元到7万亿元仅用了5年（见表5-6）。

表5-6 1952—2020年山东省地区生产总值及占全国比重

年份	国内生产总值/亿元	山东省地区生产总值/亿元	占全国比重/%	年份	国内生产总值/亿元	山东省地区生产总值/亿元	占全国比重/%
1952	679.0	43.81	6.45	1998	85 195.5	7 021.35	8.24
1962	1 149.3	64.38	5.60	1999	90 564.4	7 493.84	8.27
1970	2 252.7	126.31	5.61	2000	100 280.1	8 278.06	8.25
1978	3 678.7	225.45	6.13	2001	110 863.1	9 076.22	8.19
1979	4 100.5	251.60	6.14	2002	121 717.4	10 076.52	8.28
1980	4 587.6	292.13	6.37	2003	137 422.0	10 903.23	7.93
1981	4 935.8	346.57	7.02	2004	161 840.2	13 308.08	8.22
1982	5 373.4	395.38	7.36	2005	187 318.9	15 947.51	8.51
1983	6 020.9	459.83	7.64	2006	219 438.5	18 967.80	8.64
1984	7 278.5	581.56	7.99	2007	270 092.3	22 718.06	8.41
1985	9 098.9	680.46	7.48	2008	319 244.6	27 106.22	8.49
1986	10 376.2	742.05	7.15	2009	348 517.7	29 540.80	8.48
1987	12 174.6	892.29	7.33	2010	412 119.3	33 922.49	8.23
1988	15 180.4	1 117.66	7.36	2011	487 940.2	39 064.93	8.01
1989	17 179.7	1 293.94	7.53	2012	538 580.0	42 957.31	7.98
1990	18 872.9	1 511.19	8.01	2013	592 963.2	47 344.33	7.98
1991	22 005.6	1 810.54	8.23	2014	643 563.1	50 774.84	7.89
1992	27 194.5	2 196.53	8.08	2015	688 858.2	55 288.79	8.03
1993	35 673.2	2 770.37	7.77	2016	746 395.1	58 762.46	7.87
1994	48 637.5	3 844.50	7.90	2017	832 035.9	63 012.10	7.57
1995	61 339.9	4 953.35	8.08	2018	919 281.1	66 648.87	7.25
1996	71 813.6	5 883.80	8.19	2019	986 515.2	70 540.48	7.15
1997	79 715.0	6 537.07	8.20	2020	1 015 986.2	73 129.00	7.20

数据来源：历年《山东统计年鉴》和《中国统计年鉴》。

由此可见，山东省经济发展自改革开放以来呈现出持续增长的态势，不仅经济总量持续攀升，而且在大多数年份的经济增长速度均高于全国经济增速（见表 5-7 和图 5-3），成为改革开放以来全国经济增长最快的省份之一，但近年来经济增长率出现下滑。

表 5-7　1980—2020 年山东省与全国 GDP 增长率　（单位：%）

年份	全国 GDP 增长率	山东省 GDP 增长率	年份	全国 GDP 增长率	山东省 GDP 增长率
1980	7.8	12.2	2001	8.3	9.4
1981	5.1	5.8	2002	9.1	11.0
1982	9.0	11.3	2003	10.0	10.8
1983	10.8	13.9	2004	10.1	12.5
1984	15.2	17.4	2005	11.4	12.6
1985	13.4	11.4	2006	12.7	12.3
1986	8.9	6.2	2007	14.2	11.9
1987	11.7	13.8	2008	9.7	9.7
1988	11.2	12.5	2009	9.4	9.8
1989	4.2	4.0	2010	10.6	10.4
1990	3.9	5.3	2011	9.6	10.7
1991	9.3	14.6	2012	7.9	9.7
1992	14.2	16.9	2013	7.8	9.4
1993	13.9	20.4	2014	7.4	8.5
1994	13.0	16.2	2015	7.0	7.8
1995	11.0	14.0	2016	6.8	7.4
1996	9.9	12.1	2017	6.9	7.3
1997	9.2	11.1	2018	6.7	6.3
1998	7.8	10.8	2019	6.0	5.3
1999	7.7	10.0	2020	2.3	3.6
2000	8.5	9.5			

数据来源：历年《山东统计年鉴》和《中国统计年鉴》。

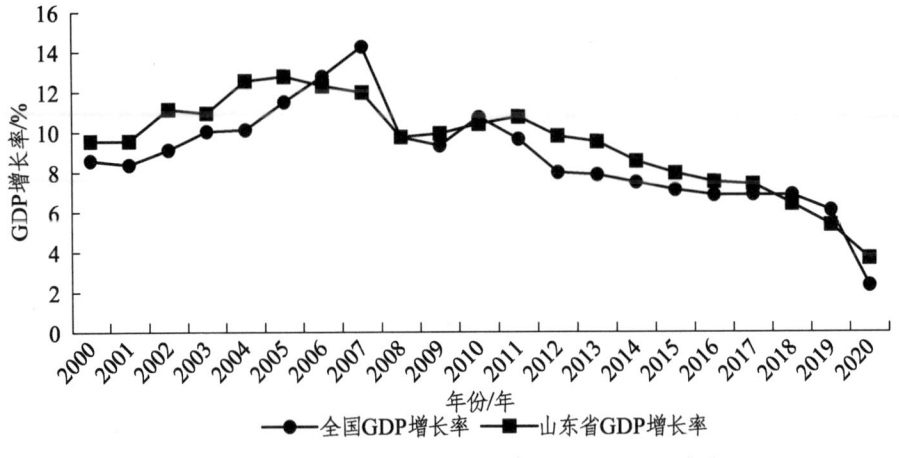

图 5-3 山东省和全国 GDP 增长率（2000—2020 年）

（二）人均地区生产总值稳步提高

人均地区生产总值是地区经济社会发展水平、居民收入和生活水平的重要反映。在山东省经济总量不断攀升的同时，按当年价格计算的山东省人均地区生产总值也一直稳步提高（见表 5-8）。

表 5-8　1952—2020 年山东省及全国人均 GDP

年份	全国人均国内生产总值/元	山东省人均地区生产总值/元	年份	全国人均国内生产总值/元	山东省人均地区生产总值/元
1952	119	91	1984	702	765
1962	173	120	1985	866	887
1970	275	199	1986	973	956
1978	385	316	1987	1 123	1 131
1979	423	350	1988	1 378	1 395
1980	468	402	1989	1 536	1 595
1981	497	472	1990	1 663	1 815
1982	533	531	1991	1 912	2 122
1983	588	611	1992	2 334	2 557

续表

年份	全国人均国内生产总值/元	山东省人均地区生产总值/元	年份	全国人均国内生产总值/元	山东省人均地区生产总值/元
1993	3 027	3 212	2007	20 494	24 329
1994	4 081	4 441	2008	24 100	28 861
1995	5 091	5 701	2009	26 180	31 282
1996	5 898	6 746	2010	30 808	35 599
1997	6 481	7 461	2011	36 277	40 581
1998	6 860	7 968	2012	39 771	44 348
1999	7 229	8 483	2013	43 497	48 673
2000	7 942	9 260	2014	46 912	51 933
2001	8 717	10 063	2015	49 922	56 205
2002	9 506	11 120	2016	53 783	59 239
2003	10 666	11 977	2017	59 592	62 993
2004	12 487	14 540	2018	65 534	66 284
2005	14 368	17 308	2019	70 078	69 901
2006	16 738	20 443	2020	72 000	72 151

数据来源：2021年《山东统计年鉴》、2002年《中国统计年鉴》和2021年《中国统计年鉴》。

1952年山东省人均地区生产总值仅为91元，在全国排名第19位，低于全国平均值；1978年提高至316元，在全国排名第17位；1983年为611元，开始逐渐超过全国平均值；1995年提高到5 701元，自此以后在全国的排名稳居前10位；2000年提高至9 260元，在全国排名第9位；2020年山东省人均GDP是72 151元，在全国排名第10位，按当年人民币平均汇率折算是

10 460 美元，处于中高收入国家人均水平。通过图 5-4 可以看出，自 2000 年以来，山东省人均 GDP 除 2019 年略低于全国人均 GDP 外，在其他年份均高于全国人均 GDP。

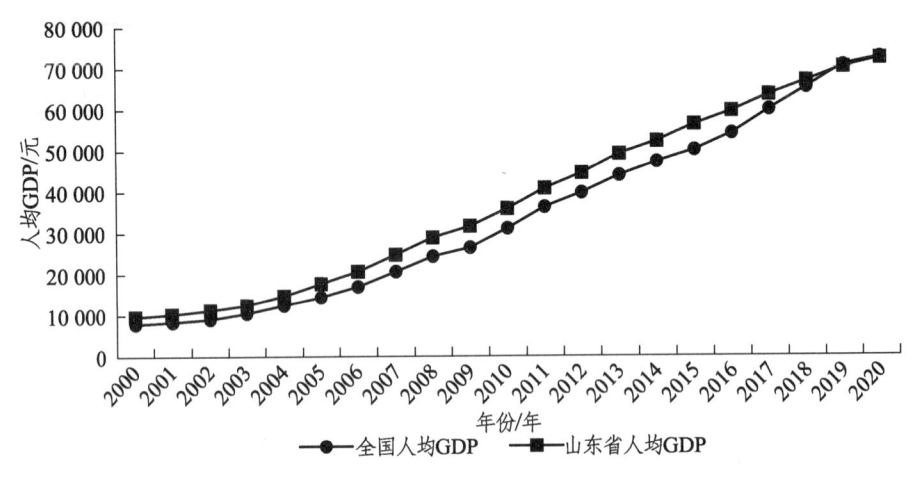

图 5-4 2000—2020 年山东省人均 GDP 与全国人均 GDP

（三）一般公共预算收入较快增长

一般公共预算是以税收为主体的财政收入，它作为政府财政参与社会产品分配所得的收入，可以用于保障改善民生、推动社会经济发展等方面的收支预算，是实现政府职能的财力保障。

根据山东省统计年鉴数据，1952 年山东省公共预算收入仅有 76 284 万元，至 2020 年全省一般公共预算收入达到 6 559.9 亿元，是 1952 年的 859.9 倍。尤其是步入 21 世纪之后，一般公共预算收入的增加量逐年递增，保持了较快增长速度。2005 年山东省一般公共预算收入超过 1 000 亿元，达到 1 073.1 亿元；2009 年、2011 年、2012 年、2014 年、2017 年又分别跨越 2 000 亿元、3 000 亿元、4 000 亿元、5 000 亿元和 6 000 亿元大关；2020 年达到 6 559.9 亿元。

二、经济结构不断优化

（一）产业结构不断优化升级

中华人民共和国成立后，山东省三次产业结构不断优化升级，三次产业占比由1952年的67.4∶16.6∶16调整为2020年的7.3∶39.1∶53.6，实现了由"一、二、三"（其中，一代表第一产业，二代表第二产业，三代表第三产业）到"二、一、三"、再到"二、三、一"、进而到"三、二、一"的历史性转变。

山东省是我国的农业大省，中华人民共和国成立初期至20世纪70年代之前，农业在地区生产总值中一直占据主要份额，第二产业和第三产业所占比重较少，山东省在这一时期的三次产业结构特点是典型的"一、二、三"模式。

从1970年开始，随着山东省经济社会的发展，全省逐步建立起比较完整、门类齐全的工业体系，三次产业结构比例关系得到较大改善。全省第二产业产值比重开始超过第一产业，三次产业结构由1952年的67.4∶16.6∶16.0变为1978年的33.3∶52.9∶13.8，第二产业成为地区生产总值的主要成分，经济发展开始呈现出工业化初期的特点。但此时第三产业一直维持在不到20%的比重。从1983年开始，第一产业增加值占GDP的比重基本呈现逐渐下降的趋势，第二产业、第三产业的份额逐渐上升。第一产业增加值占比降为1989年的27.8%，第二产业份额由1970年的42.5%微弱上涨到1989年的44.8%，第三产业增加值占比由1970年的16.1%提高到1989年的27.4%。这一时期中除1983年表现为"一、二、三"特征外，其余年份均表现为"二、一、三"的产业结构特点。

随着改革开放步伐的加快，山东省三次产业逐渐协调发展，产业结构不断优化升级，逐步形成了第一产业相对稳固、第二产业作为主导、第三产业加快发展的新局面。1990年山东省第三产业产值首次超过第一产业，成为经济增长的第二大引擎，产业结构进一步向合理化方向演变。2014年山东省三次产业增加值比重逐步调整到 9.2∶46.4∶44.4，与中华人民共和国成立初期1952 年相比，第一产业份额减少了 58.2 个百分点，第二产业份额上升了 29.8 个百分点，第三产业份额提高了 28.4 个百分点。这一时期山东省产业结构实现了由"二、一、三"向"二、三、一"的重大转变。

第三产业对山东经济增长的贡献率自 2014 年开始基本呈现稳步上升趋势。2015 年，山东省第三产业产值占比首次超过第二产业，且与第二产业占比的差距开始逐渐拉大，山东省产业结构由"二、三、一"模式转变为现在的"三、二、一"模式，产业结构不断升级。三次产业构成由 2000 年的 15.1∶49.8∶35.1 变化为 2020 年的 7.3∶39.1∶53.6，第三产业对经济增长的贡献率由 2000 年的 36.6%提高到 2019 年 76.9%的历史最高水平。这种变化趋势反映出目前山东省内"三、二、一"的产业结构格局进一步得到巩固，现代服务业增势强劲，第三产业成为山东经济增长的主引擎，对稳定山东经济增长起着积极作用。

近年来，山东省贯彻新发展理念，全面实施新旧动能转换、乡村振兴、海洋强省等发展战略，坚决淘汰落后产能，加快改造提升新一代信息技术产业、高端装备产业、新材料产业、现代海洋产业、医养健康产业、高端化工产业、现代高效农业、文化产业、精品旅游产业、现代金融服务业等"十强产业"，推动经济高质量发展。2020 年，山东省四新（新技术、新产业、新业态、新模式）经济投资比重达到 51.3%，其增加值占比由 2016 年的 20.7%提高到 2020 年的 30%以上，高新技术产业产值占比达到 44.5%，新旧动能转换成效明显。

（二）内需增长强劲

消费、投资、净出口是拉动经济增长的"三驾马车"，其中，由消费需求和投资需求构成的内需，是拉动一个经济体经济增长的主要推动力。中华人民共和国成立以来特别是改革开放之后，山东省的消费和投资均呈现出稳定、快速增长的态势，投资规模不断扩大，消费需求持续增加，消费结构不断升级。

1949年山东省全社会固定资产投资额只有0.14亿元，1978年增加至41.87亿元。改革开放后，山东抓住机遇，深化改革，扩大开放，固定资产投资总量增长迅猛，于1984年跨越百亿元大关，1994年越过千亿元大关，2005年超过万亿元，并于2010年、2012年、2014年、2016年分别越过2万亿元、3万亿元、4万亿元和5万亿元大关。

中华人民共和国刚刚成立时，1949年山东省社会消费品零售总额是6.23亿元，1978年达到79.73亿元。改革开放以后，随着流通规模的扩大和消费品市场的快速发展，全省社会消费品零售总额于1980年超过百亿元，1985年达到227.03亿元，1994年越过千亿元大关，2008年突破万亿元，2015年突破2万亿元，2020年达到2.92万亿元。在消费需求持续扩大的同时，居住、交通通信、医疗保健等享受型消费和发展型消费都呈快速增长态势，其所占比重趋于上升，推动了消费结构的快速升级。

然而，与同为经济大省的广东省和江苏省相比，山东省近几年的社会消费品零售总额还存在一定差距（见表5-9），而且由于山东是人口大省，人均消费相对比较低，这说明山东省需进一步加快产业转型与升级的步伐，提升全省经济发展速度和居民消费水平，以便缩小差距。

表5-9　山东、江苏、广东三省社会消费品零售总额　　（单位：亿元）

省份	2015	2016	2017	2018	2019	2020
山东省	21 551.0	23 482.1	25 527.9	27 480.3	29 251.2	29 248.0
江苏省	26 710.1	29 612.5	32 818.2	35 472.6	37 672.5	37 086.1
广东省	31 517.6	34 739.1	38 200.1	39 501.1	42 951.8	40 207.9

三、开放经济水平不断提升

（一）对外贸易发展加快

改革开放以来，山东省融入国家开放大局，不断扩大与世界各国和地区的交流，提高开放水平，对外贸易实现蓬勃发展，对外贸易对山东省地区经济贡献度明显增强。尤其是在2001年我国加入世界贸易组织以后，外贸对国民经济稳定快速增长的拉动作用突出，山东省开放型经济向纵深发展，外贸依存度一直维持较高水平，逐步形成了全方位、宽领域、多层次的对外开放格局。从海关进出口规模来看，1952年全省进出口总值仅为7357万美元，改革开放之后，全省对外贸易发展迅速，1978年进出口总值为8.7亿美元，1984年就达到35亿美元。在1995年超过百亿美元大关之后，2007年首次迈上千亿美元台阶，达到1226.2亿美元，2011年又跨越2000亿美元，达到2359.9亿美元，2020年越过3000亿美元大关，达到3184.5亿美元，实现历史性突破，稳居全国第6位，是1978年的366倍，是2000年的13倍。从出口商品的分类情况来看，工业制成品出口比重上升明显，2020年机电产品出口达809.5亿美元，占出口总额的比重达42.8%，是山东省第一大类出口商品，由此可见，山东制造市场之广大。

（二）外商投资不断增加

山东省对外贸易的发展很大程度上依赖外商直接投资。改革开放以来，山东省凭借较强的区位优势和丰富的劳动力资源，不断吸引外商在省内进行投资，尤其是经济发展水平较高的青岛、烟台、威海等沿海城市。1981年山东省第一家中外合资企业在青岛落户，标志着山东省吸引外商直接投资开始起步。1989年，山东省利用外商直接投资超过一亿美元，自此全省外商直接投资步入快车道；2018年全省新批外商投资企业合同外资285.1亿美元，实际使用外资205.2亿美元；2020年全省新设外商投资企业3060家，同比增长21.6%，实际使用外资金额达到176.5亿美元，居全国第四位，增幅在利用外资前六大省市中居首位。而且，山东15市实际使用外资实现增长。从规模上来看，青岛、烟台、济南、威海、潍坊5市实际使用外资均在10亿美元以上；临沂、济宁和泰安3市实际使用外资超6亿美元；在增幅上，聊城、日照、临沂、枣庄4市实现倍增，东营、济宁等10市实现两位数以上增长。

第三节　山东省产业结构现状

山东省作为我国东部沿海经济大省，产业发展在全面深化改革中实现了实质性的突破。山东省农产品品种多、品牌多，农产品的产值、出口量连续多年居全国首位，是我国的农业大省和重要的农业产区。同时，山东也是我国重要的制造业大省，工业门类齐全，产业链的发展十分完善，拥有全国重要的石化、钢铁、水泥建材、纺织、轮胎、家电等产业基地。山东省是国内唯一一个全部拥有联合国产业分类的 41 个工业大类的省份，很多行业的产量居全国首位，如水泥、化肥、电子计算机、改装汽车、拖拉机、发电量、啤酒、葡萄酒等。山东能源集团、山东魏桥集团、青岛海尔、潍柴集团、中国重型汽车集团、万华化学集团、海信集团、浪潮集团等工业企业对经济的支撑带动作用明显，以较强的竞争力享誉海内外。在服务业方面，随着山东经济的快速发展和经济结构的不断改善，目前省内"三、二、一"的产业结构格局进一步得到巩固，信息、金融、科技服务等现代服务业增势强劲，第三产业已经成为山东经济增长的主引擎，对稳定经济增长和带动就业起着积极作用。但山东第三产业占 GDP 的比重长期低于全国平均水平，服务业发展的基础相对薄弱，对现代农业和制造业高质量发展的支撑作用有待进一步加强，转型升级任务依旧艰巨。

一、山东省三次产业产值结构的演变趋势

（一）中华人民共和国成立以来山东省产值结构变化的阶段特征

根据山东省三次产业产值结构比例关系变动的相关数据（见表 5-10），总结山东省产业结构调整的阶段性特征，可以将中华人民共和国成立以来山东产业结构的演进历程大致划分成四个阶段：

第一阶段为 1952—1969 年，这一阶段山东省的三次产业结构特点是典型的"一、二、三"模式。山东省作为农业大省，中华人民共和国成立初期至

20世纪70年代之前，农业在地区生产总值中占据一半以上或接近一半的主要份额，第二产业和第三产业所占比重较少。在第一产业比重缓慢降低的同时，第二产业比重不断增加，第三产业却一直维持在较低水平。

第二阶段为1970—1989年，该阶段中第二产业超过第一产业，成为地区生产总值的主要成分，经济发展开始呈现出工业化初期的特点。此阶段除1983年产业结构表现为"一、二、三"特征，其余年份均表现为"二、一、三"的产业结构特点。随着山东省经济社会的发展，全省逐步建立起比较完整、门类齐全的工业体系，三次产业结构比例关系得到较大改善。从1970年开始，全省第二产业产值比重开始超过第一产业，至1978年时第二产业增加值比重为52.9%，开始呈现出工业化初期的特点，但此时第三产业一直维持在不到20%的比重。在1978—1983年的改革开放初期，山东省第一产业和第三产业得到了较快发展，第一产业增加值比重由1978年的33.3%提高到1983年的40.3%，上升了7个百分点；第三产业增加值比重由1978年的13.8%提高至1983年的20.8%，同样是在5年增加了7个百分点；与此同时，山东第二产业比重却在5年内下降了14个百分点。1983年是山东产业发展的一个转折点，从该年开始，第一产业的份额基本呈现逐渐下降的趋势，第二产业、第三产业的份额逐渐上升，第一产业增加值占比降为1989年的27.8%；第二产业份额由1983年的38.9%上涨到1989年的44.8%；第三产业增加值占比也呈现出缓慢增加的良好势头，至1989年提高到27.4%。

第三阶段为1990—2014年，该阶段山东省第三产业超过第一产业，产业结构实现了由"二、一、三"向"二、三、一"的重大转变。随着改革开放步伐的加快，山东省三次产业逐渐协调发展，产业结构不断优化升级，逐步形成了第一产业较为稳固、第二产业作为主导、第三产业加快发展的新局面。1990年山东省第三产业产值首次超过第一产业，成为经济增长的第二大引擎，产业结构进一步向合理化方向演变。2014年山东省三次产业增加值比重逐步调整到9.2∶46.4∶44.4，与1990年相比，第一产业增加值比重在24年内回落18.9个百分点，第二产业份额微弱上升了4.3个百分点，第三产业份额提高了14.6个百分点；与中华人民共和国成立初期1952年相比，第一产业份额回落58.2个百分点，第二产业份额上升了29.8个百分点，第三产业份额提高了28.4个百分点。

第四阶段为2015年至今。2015年山东省第三产业实现里程碑式跨越发展，其产值比重首次超过第二产业，三次产业构成为8.9∶44.9∶46.2。此后，第三产业与第二产业产值构成比重的差距开始逐渐越大，山东省产业结构由过去的"二、三、一"模式正式转变为现在的"三、二、一"模式，服务业成为全省国民经济第一大产业，产业结构不断升级。

表5-10 1952—2020年山东省三次产业构成 （单位：%）

年份	第一产业	第二产业	第三产业	年份	第一产业	第二产业	第三产业
1952	67.4	16.6	16.0	1991	28.8	41.2	30.0
1955	61.5	19.7	18.8	1992	24.3	45.5	30.2
1957	52.0	28.7	19.3	1993	21.5	49.0	29.5
1962	47.2	26.3	26.5	1994	20.2	49.2	30.6
1965	49.0	33.5	17.5	1995	20.4	47.6	32.0
1970	41.4	42.5	16.1	1996	20.4	47.3	32.3
1975	39.4	45.3	15.3	1997	18.3	48.1	33.6
1978	33.3	52.9	13.8	1998	17.3	48.5	34.2
1979	36.2	50.8	13.0	1999	16.3	48.6	35.1
1980	36.4	50.0	13.6	2000	15.1	49.8	35.1
1981	38.2	44.8	17.0	2001	14.8	49.2	36.0
1982	39.0	42.0	19.0	2002	13.6	50.0	36.4
1983	40.3	38.9	20.8	2003	13.4	52.4	34.2
1984	38.2	41.1	20.7	2004	13.1	55.1	31.8
1985	34.7	43.0	22.3	2005	12.1	55.4	32.5
1986	34.1	42.2	23.7	2006	11.1	55.7	33.2
1987	32.2	43.1	24.7	2007	10.8	55.1	34.1
1988	29.7	44.5	25.8	2008	10.6	55.0	34.4
1989	27.8	44.8	27.4	2009	10.4	53.9	35.7
1990	28.1	42.1	29.8	2010	10.1	52.2	37.7

续表

年份	第一产业	第二产业	第三产业	年份	第一产业	第二产业	第三产业
2011	9.6	51.1	39.3	2016	8.2	43.5	48.3
2012	9.4	49.5	41.1	2017	7.7	42.7	49.6
2013	9.4	47.8	42.8	2018	7.4	41.3	51.3
2014	9.2	46.4	44.4	2019	7.3	39.9	52.8
2015	8.9	44.9	46.2	2020	7.3	39.1	53.6

数据来源：2021年《山东统计年鉴》。

由此可见，随着山东经济的快速发展，省内产业结构格局发生了显著变化，由中华人民共和国成立初的"一、二、三"变为"二、一、三""二、三、一"，再到目前的"三、二、一"。三次产业构成由2000年的15.1∶49.8∶35.1变化为2020年的7.3∶39.1∶53.6（见图5-5）。2020年第三产业增加值占地区生产总值的比重为53.6%，比2019年提高0.8个百分点，高于第二产业14.5个百分点，与第二产业增加值占比差距继续扩大。这种变化趋势符合产业结构变动规律，并且反映出目前第三产业已经成为山东经济增长的主引擎，第三产业对稳定山东经济增长起着积极作用。

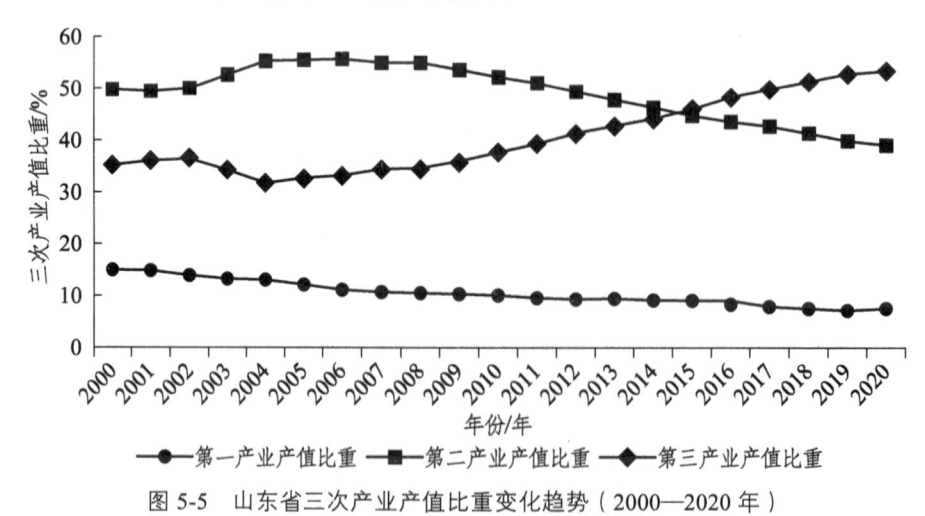

图5-5 山东省三次产业产值比重变化趋势（2000—2020年）

数据来源：2001—2021年《山东统计年鉴》。

虽然山东省产业结构在不断调整中而逐步改善,但是其第三产业起步较晚,发展基础相对薄弱,依然存在不少问题,具体表现在:一是山东第三产业滞后于经济发展水平。山东省是名副其实的经济大省,经济总量位居全国各省区市第三位。然而,山东第三产业增加值占GDP的比重却长期低于全国平均水平(见图5-6)。二是山东省第三产业主要集中在低附加值的传统第三产业,新兴服务业和现代服务业发展相对滞后。山东省第三产业的发展仍以批发和零售、交通运输、仓储和邮政业等传统第三产业为主,这些行业技术含量往往相对较低,而且受宏观经济波动的影响比较明显;而金融业、房地产业、信息技术服务业和其他服务业等高附加值的现代服务业和新兴服务业则发展基础相对薄弱。2020年山东现代服务业增加值为20 585.6亿元,占服务业的比重为52.6%,而同期广东省的这一比重达64.7%。这说明山东省第三产业对现代农业和制造业高质量发展的支撑作用有待进一步加强,目前正面临转型升级的重任,未来发展潜力依然巨大。

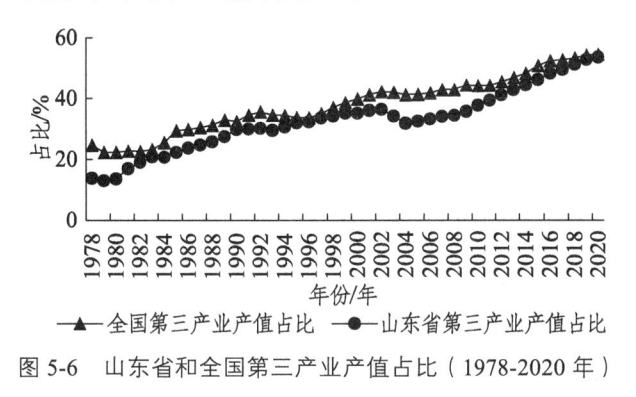

图5-6 山东省和全国第三产业产值占比(1978-2020年)

数据来源:2021年《山东统计年鉴》和2021年《中国统计年鉴》。

(二)山东省三次产业对经济增长的贡献

从三次产业对山东省经济增长的贡献率来看(见表5-11),在20世纪80年代初期,第一产业对地区生产总值的贡献率较高,在1983年的贡献率达到43.3%,作为农业大省,山东省农业生产的迅速发展与当时政府出台的农业产业政策密不可分。当时，中央连续下发指导农村改革和农业生产的"一号文件"①，1983年山东省农村进行经济改革，普遍建立了以家庭联产承包经营为基础、统分结合的农村双层经营体制，农村生产力得到大幅提高，促进了农业经济的发展。1984年，山东省农业拉动地区生产总值增长7个百分点。1985年，农业贡献率急速回落到7.3%的水平，1986年、1988年和1989年这三年更是出现了第一产业对经济增长负的贡献的情形。近年来，虽然随着产业结构的升级，山东省第一产业的产值比重逐渐下降，但是农业生产的总量水平在不断提高，为全国稳定发展农业生产、保障国家粮食安全做出了突出贡献。

从山东省第二产业对经济增长的贡献来看，改革开放之后的20世纪80年代贡献率总体趋势在不断提高，在1988年、1989年连续两年超过80%，1989年更是创造了89.3%的最高值，1988年第二产业拉动经济增长达到10.4个百分点。此后，第二产业贡献率冲高回落，1990年贡献率回落到70.3%，1991年更是下降到40.2%的水平。从1990年至2014年，除1991年贡献率为40.2%、1995年贡献率为49.8%之外，其他年份的贡献率都保持在50%以上。从2015年开始，第三产业产值占比开始超过第二产业，第二产业对地区经济的贡献率也开始明显下行，2019年降至21.5%的低水平。从第二产业拉动地区经济增长的百分点上看，1980年山东省地区生产总值增长12.2%，其中第二产业拉动经济增长6.5个百分点。1981年地区生产总值增长率和第二产业拉动经济增长百分点均出现短暂的回落，此后又连续多年保持经济较高速增长。在1989年和1990年两年间，山东省地区生产总值出现4.0%和5.3%的低速增长，此后又连续多年保持10%以上的高速增长，其中1993年地区生产总值增长速度更是达到了20.4%的高水平，这期间第二产业可以说是带动地区经济增长的主要力量。从2012年开始，山东省地区生产总值增长率开始逐渐下行，第二产业对经济增长拉动的百分点整体呈下降趋势，并从2016年开始

---

① 1982年1月1日，中共中央批转1981年12月的《全国农村工作会议纪要》；1983年1月2日，中共中央印发题为《当前农村经济政策的若干问题》的文件；1984年1月1日，中共中央发出《关于1984年农村工作的通知》。

低于第三产业对经济增长的拉动作用。

改革开放初期，山东省第三产业发展滞后，其增加值比重仅为13%左右，1989年占比翻了一番，达到27.4%，此后，开始缓慢增长，大多数年份占比保持在30%以上，2012年达到41.1%，2015年山东省第三产业产值占比首次超过第二产业，达到46.2%，此后与第二产业占比的差距开始逐渐拉大。从山东省第三产业对地区生产总值的贡献来看（见表5-11），山东省第三产业贡献率的变动相对较大。1980年山东第三产业对经济增长贡献率为21%，到1982年提高至41.4%，此后又开始呈下行趋势，1990年降至最低值，只有区区的2.7%。此后，从1991年至2013年，第三产业贡献率稳定在29%~42%的水平。在这期间，山东省第三产业总量小，占比低，发展相对滞后。自2014年开始，山东省第三产业对经济增长的贡献率呈上升趋势，由2013年的37.2%提高到2019年的历史最高水平，第三产业对经济增长的贡献率达到76.9%。从第三产业对地区经济增长的拉动作用来看，1980年山东省地区生产总值增长率为12.2%，其中第三产业仅仅拉动2.6个百分点，此后，出现较大的波动，第三产业拉动经济增长百分点最小的年份是1990年，只有0.2个百分点，对经济增长拉动最大的年份是1994年，拉动经济增长达到6.2个百分点。自2016年以来，第三产业对山东经济增长的拉动作用均超过第二产业，开始成为山东经济增长的主引擎。

表5-11 山东省三次产业对经济增长的贡献　　　　单位：%

年份	贡献率 第一产业	贡献率 第二产业	贡献率 第三产业	地区生产总值增长率	拉动百分点 第一产业	拉动百分点 第二产业	拉动百分点 第三产业
1980	25.6	53.4	21.0	12.2	3.1	6.5	2.6
1981	42.0	25.2	32.8	5.8	2.4	1.5	1.9
1982	36.2	22.4	41.4	11.3	4.1	2.5	4.7
1983	43.3	23.3	33.4	13.9	6.0	3.2	4.7
1984	40.3	41.0	18.7	17.4	7.0	7.1	3.3
1985	7.3	65.4	27.3	11.4	0.8	7.5	3.1

续表

年份	贡献率 第一产业	第二产业	第三产业	地区生产总值增长率	拉动百分点 第一产业	第二产业	第三产业
1986	-3.7	73.7	30.0	6.2	-0.2	4.6	1.8
1987	17.6	55.3	27.1	13.8	2.4	7.6	3.8
1988	-0.6	83.2	17.4	12.5	-0.1	10.4	2.2
1989	-4.6	89.3	15.3	4.0	-0.2	3.6	0.6
1990	27.0	70.3	2.7	5.3	1.4	3.7	0.2
1991	27.2	40.2	32.6	14.6	4.0	5.9	4.7
1992	0.3	70.7	29.0	16.9	0.0	12.0	4.9
1993	7.2	63.4	29.4	20.4	1.5	12.9	6.0
1994	9.5	52.5	38.0	16.2	1.5	8.5	6.2
1995	12.5	49.8	37.7	14.0	1.7	7.0	5.3
1996	10.2	56.8	33.0	12.1	1.2	6.9	4.0
1997	0.8	57.6	41.6	11.1	0.1	6.4	4.6
1998	8.4	57.3	34.3	10.8	0.9	6.2	3.7
1999	7.2	62.1	30.7	10.0	0.7	6.2	3.1
2000	3.6	59.8	36.6	9.5	0.3	5.7	3.5
2001	6.1	52.9	41.0	9.4	0.6	4.9	3.9
2002	3.2	63.3	33.5	11.0	0.4	6.9	3.7
2003	6.7	64.2	29.1	10.8	0.7	7.0	3.1
2004	3.9	66.9	29.2	12.5	0.5	8.3	3.7
2005	4.5	62.5	33.0	12.6	0.6	7.8	4.2
2006	4.9	62.0	33.1	12.3	0.6	7.6	4.1
2007	3.7	61.7	34.6	11.9	0.4	7.4	4.1
2008	5.1	54.8	40.1	9.7	0.5	5.3	3.9
2009	4.1	64.8	31.1	9.8	0.4	6.4	3.0
2010	2.8	64.4	32.8	10.4	0.3	6.7	3.4
2011	3.5	56.0	40.5	10.7	0.4	6.0	4.3
2012	4.4	56.0	39.6	9.7	0.4	5.5	3.8
2013	2.9	59.9	37.2	9.4	0.3	5.6	3.5
2014	3.8	54.8	41.4	8.5	0.3	4.7	3.5
2015	4.3	48.3	47.4	7.8	0.3	3.8	3.7
2016	4.6	37.5	57.9	7.4	0.3	2.8	4.3
2017	4.2	36.2	59.6	7.3	0.3	2.7	4.3
2018	3.5	28.7	67.8	6.3	0.2	1.8	4.3
2019	1.6	21.5	76.9	5.3	0.1	1.1	4.1
2020	5.7	39.2	55.1	3.6	0.2	1.4	2.0

数据来源：2021年《山东统计年鉴》。

（三）山东省各市三次产业产值结构情况

从山东省内部各市三次产业产值结构现状看，各地市间产业结构参差不齐（见表5-12）。2020年，聊城市在山东省16个地市中第一产业比重最高，达到了14.4%，是山东省农业第一大市，此外，济宁、泰安、德州、威海四个城市第一产业比重也超过或达到10%，四大工业强市——青岛、济南、淄博、东营的第一产业比重则最低。

东营市作为山东省人均GDP最高的"石油化工之城"，产业结构较为单一，主要以石油产业为主，所以其第二产业占比最高，达到了56.3%，居全省第一位，但是其第三产业发展程度最低，服务业不发达，2020年其第三产业产值仅占地区生产总值的38.4%，远低于全省同期53.6%的平均水平。

从第三产业的发展情况来看，山东省第三产业在批发零售、交通运输、住宿餐饮等传统服务业和文化、旅游、社区服务、互联网服务等新兴服务业的共同带动下，对经济的带动作用越来越强，日益成为山东经济增长的主引擎，并于2015年首次实现了"三、二、一"的转变，且与第二产业增加值占比差距继续扩大。根据2021年山东省统计年鉴数据，2020年第三产业产值份额超过全省平均水平的有济南市、青岛市和临沂市，分别为61.6%、61.4%和54.3%，其他的13个地市都没有达到平均水平，第三产业发展程度最低的东营市甚至为38.4%。从处在前三位的地区来看，济南市作为山东历史文化悠久的省会城市，是山东省的政治、文化和教育中心，第三产业比重在全省居最高水平，达到了61.6%。青岛作为重要的沿海开放城市和历史文化名城，是山东半岛蓝色经济区核心区域的龙头城市，具有得天独厚的沿海优势，带动了产业结构升级。而临沂市虽然过去经济较为落后，但近些年借助于特殊的三省交界区域优势，大力发展仓储物流业和批发零售业，同时积极开发红色旅游，带动了第三产业的较快发展。

表 5-12　2020 年山东省各市生产总值构成　　（单位：%）

地区	第一产业	第二产业	第三产业
全　省	7.3	39.1	53.6
济南市	3.6	34.8	61.6
青岛市	3.4	35.2	61.4
淄博市	4.3	48.4	47.3
枣庄市	9.6	40.6	49.8
东营市	5.3	56.3	38.4
烟台市	7.3	40.8	51.9
潍坊市	9.1	39.3	51.6
济宁市	11.7	39.2	49.1
泰安市	10.8	39.1	50.1
威海市	10.0	38.5	51.5
日照市	8.5	42.1	49.4
临沂市	9.2	36.5	54.3
德州市	10.6	40.2	49.2
聊城市	14.4	34.3	51.3
滨州市	9.7	40.7	49.6
菏泽市	9.9	40.2	49.9

数据来源：2021 年《山东统计年鉴》。

二、山东省三次产业就业结构变迁及其特征

随着三次产业产值结构的调整变迁，劳动力作为主要的生产要素，其在三次产业之间的配置也不可避免地会发生相应转移，从而形成新的就业结构。在农业社会，第一产业的产值在产业结构中占据主要地位，与此相对应的劳动力主要分布在第一产业；在工业社会，第二产业成为主导，劳动力会由第一产业向第二产业转移；到了后工业化时期，随着服务业的迅速发展，第三产业的就业规模则日益庞大。在三次产业就业结构变化的同时，就业结构也会反作用于产业的产值结构。

山东省农村劳动力资源丰富，是典型的农业大省。在改革开放初期，农业从业人员占到了绝对多数，达到接近80%的水平（见表5-13），而当时山东省第一产业的产值占比仅有33.3%，也就是说，近80%的农业从业人员仅仅创造了约三分之一的地区生产总值，这说明第一产业劳动生产率极低，农村存在大量的剩余劳动力。

表5-13 山东省三次产业就业人员结构变化

年份	就业人员总数/万人	就业人数/万人 第一产业	第二产业	第三产业	构成/% 第一产业	第二产业	第三产业
1978	2 969.8	2 350.9	366.6	252.3	79.2	12.3	8.5
1980	3 117.5	2 458.1	382.5	276.9	78.9	12.3	8.9
1981	3 192.4	2 508.2	389.0	295.2	78.6	12.2	9.3
1982	3 270.0	2 520.8	442.2	307.0	77.1	13.5	9.4
1983	3 795.1	2 950.8	465.8	378.5	77.8	12.3	10.0
1984	3 563.7	2 509.1	528.8	525.8	70.4	14.8	14.8
1985	3 561.1	2 438.6	705.3	417.2	68.5	19.8	11.7
1986	3 651.2	2 431.1	776.0	444.1	66.6	21.3	12.2
1987	3 765.7	2 422.6	848.2	494.9	64.3	22.5	13.1
1988	3 887.1	2 474.5	905.1	507.5	63.7	23.3	13.1
1989	3 940.3	2 527.6	902.6	510.1	64.2	22.9	13.0
1990	4 043.2	2 585.7	922.6	535.0	64.0	22.8	13.2
1991	4 219.3	2 708.0	958.7	552.6	64.2	22.7	13.1
1992	4 302.6	2 705.1	1 000.8	596.7	62.9	23.3	13.9
1993	4 379.3	2 689.9	1 070.4	619.0	61.4	24.4	14.1
1994	4 382.1	2 541.6	1 098.0	742.5	58.0	25.1	16.9
1995	5 207.4	2 832.3	1 305.5	1 069.6	54.4	25.1	20.5
1996	5 227.4	2 788.0	1 286.1	1 153.3	53.3	24.6	22.1
1997	5 256.0	2 812.5	1 311.9	1 131.6	53.5	25.0	21.5
1998	5 287.6	2 837.3	1 245.8	1 204.5	53.7	23.6	22.8
1999	5 314.7	2 811.7	1 245.7	1 257.3	52.9	23.4	23.7
2000	5 386.7	2 806.5	1 292.8	1 287.4	52.1	24.0	23.9
2001	5 430.9	2 791.5	1 336.0	1 303.4	51.4	24.6	24.0
2002	5 510.2	2 755.1	1 394.1	1 361.0	50.0	25.3	24.7
2003	5 541.0	2 687.4	1 446.2	1 407.4	48.5	26.1	25.4
2004	5 622.4	2 642.5	1 529.3	1 450.6	47.0	27.2	25.8

续表

年份	就业人员总数/万人	就业人数/万人			构成/%		
		第一产业	第二产业	第三产业	第一产业	第二产业	第三产业
2005	5 689.2	2 582.9	1 587.3	1 519.0	45.4	27.9	26.7
2006	5 756.3	2 527.0	1 640.5	1 588.7	43.9	28.5	27.6
2007	5 803.6	2 460.7	1 688.9	1 654.0	42.4	29.1	28.5
2008	5 815.1	2 378.4	1 732.9	1 703.8	40.9	29.8	29.3
2009	5 844.7	2 302.8	1 782.6	1 759.3	39.4	30.5	30.1
2010	5 940.0	2 257.2	1 853.3	1 829.5	38.0	31.2	30.8
2011	5 915.0	2 164.9	1 881.0	1 869.1	36.6	31.8	31.6
2012	5 892.0	2 068.1	1 914.9	1 909.0	35.1	32.5	32.4
2013	5 840.0	1 973.9	1 915.5	1 950.6	33.8	32.6	33.4
2014	5 798.0	1 878.6	1 919.1	2 000.3	32.4	33.1	34.5
2015	5 773.0	1 795.4	1 922.4	2 055.2	31.1	33.3	35.6
2016	5 728.0	1 706.9	1 907.4	2 113.6	29.8	33.3	36.9
2017	5 693.0	1 622.5	1 907.2	2 163.3	28.5	33.5	38.0
2018	5 621.0	1 534.5	1 877.4	2 209.1	27.3	33.4	39.3
2019	5 561.0	1 445.9	1 851.8	2 263.3	26.0	33.3	40.7
2020	5 510.0	1 372.0	1 840.3	2 297.7	24.9	33.4	41.7

数据来源：2021年《山东统计年鉴》。

改革开放之后，伴随着农村经济体制改革的推进和农业经济的发展，山东省农村生产力得到极大解放，农村劳动力开始向城镇和非农产业转移，第一产业就业人口占比呈现逐渐减少的趋势。1990年，山东省产业结构中，第三产业增加值首次超过第一产业，成为经济增长的第二大引擎，三次产业构成为28.1∶42.1∶29.8，然而此时第一产业就业人员比重却依然占到64%，意味着农业劳动生产率依然较低。2013年，三次产业就业人员比例为33.8∶32.8∶33.4，基本形成三足鼎立局面。2014年，山东省三次产业增加值之比进一步调整为9.2∶46.4∶44.4，三次产业就业人员之比为32.4∶33.1∶34.5，"三、二、一"

格局的"倒金字塔"型就业人员结构开始形成。此时 32.4%的农业就业人员创造了 9.2%的地区生产总值，对经济增长的贡献率为 3.8%，拉动当年经济增长 0.3 个百分点；33.1%的第二产业就业人员创造了 46.4%的产值，对经济的贡献率为 54.8%，拉动经济增长 4.7 个百分点；34.5%的第三产业就业人员创造了 44.4%的产值，对经济的贡献率为 41.4%，拉动经济增长 3.5 个百分点。

在山东省经济快速发展及产业结构稳步调整的同时，三次产业从业人员数量及结构也相应发生了明显变化，目前"三、二、一"格局的"倒金字塔"型三次产业就业人员结构基本形成。截至 2020 年，山东三次产业就业结构变化为 24.9∶33.4∶41.7（见图 5-7），总体上就业结构也呈现出"三、二、一"格局，与产值结构一致，第三产业成为最大的就业"容纳器"。但比较其产值比重与就业比重的数值，可以发现山东第一产业的就业比重仍远高于其产值比重，而第二、第三产业相较于产值结构，其就业比重相对偏低，尤其是第三产业对劳动力的吸纳仍有巨大空间。这表明，山东省第一产业的劳动边际收益低于第二产业和第三产业，面临老龄化进程加剧的现实，将促使稀缺的劳动供给由第一产业向第二、第三产业转移，不仅可以提高经济效率，也会促使三次产业产值结构与就业结构的均衡。

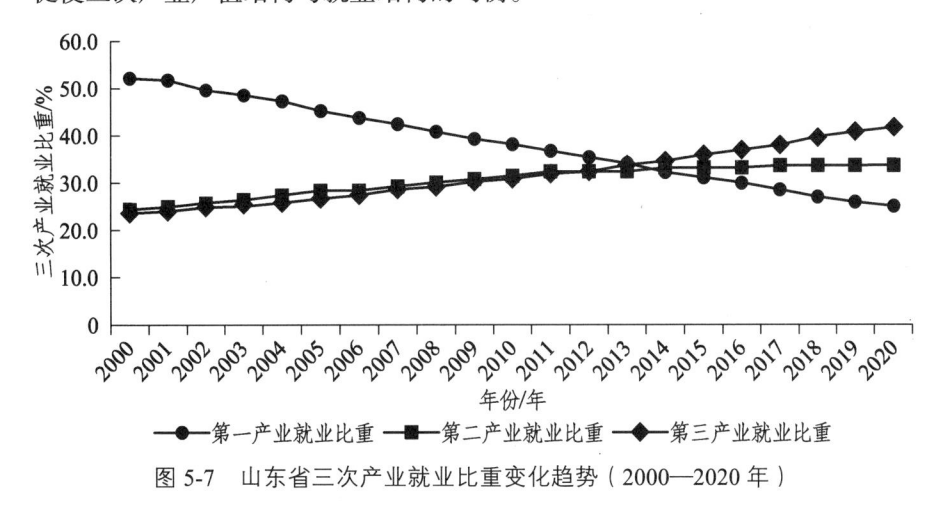

图 5-7 山东省三次产业就业比重变化趋势（2000—2020 年）

数据来源：2021 年《山东统计年鉴》。

（一）山东省产业结构合理化指数

三次产业产值结构的调整必然导致人口就业结构的变化，而就业结构的变化又会反作用于产值结构，但是二者之间的这种关系有时可能表现得并不那么平衡。为了衡量产业之间的协调和平衡程度，以及劳动力在各产业之间的合理配置状况，特引入产业结构泰尔指数这一指标，在此借鉴干春晖等（2011）的处理方法计算山东省产业结构泰尔指数，其具体表达式为：

$$TL = \sum_{i=1}^{n}\left(\frac{Y_i}{Y}\right)\ln\left(\frac{Y_i}{L_i}\bigg/\frac{Y}{L}\right)$$

其中，TL 代表产业结构泰尔指数，Y 表示产值，L 表示就业，i 表示产业结构类次，n（=1, 2, 3）表示三次产业，Y_i/L_i 衡量的是某一产业部门的劳动生产率，Y/L 代表劳动生产率。若 $TL \neq 0$，代表各产业之间的劳动力配置偏离了均衡状态；若 $TL=0$，表明各产业之间的劳动力配置是合理的；TL 的值越接近于零，代表劳动力在各产业之间的配置越合理。这一指标不仅可以衡量产业发展与人口就业之间的关系状况，而且考虑到了不同产业的相对权重，可以体现三次产业的经济地位。

根据以上公式，利用山东省 2021 年统计年鉴提供的 2000—2020 年的历史数据，统计计算山东省产业结构泰尔指数。根据结果，不难发现随着经济社会的发展，近些年来山东省产业结构泰尔指数大体呈现逐渐下降的趋势，由 2000 年的 0.311 下降至 2020 年的 0.106（见表 5-14）。

通过绘制 2000—2020 年山东省第三产业增加值比重与产业结构泰尔指数的散点图（见图 5-8），可以发现，伴随着第三产业增加值比重的逐年上升，山东省产业结构泰尔指数呈下降趋势，它们二者之间基本上呈现出比较明显的反向变动关系。这也说明山东在经济增长的过程中，产业结构不断调整，劳动力在各产业之间的配置逐步趋于合理化。

表 5-14 山东省 2000—2020 年产业结构合理化指数

年份	TL 指数	年份	TL 指数
2000	0.311	2011	0.199
2001	0.303	2012	0.182
2002	0.305	2013	0.166
2003	0.295	2014	0.153
2004	0.287	2015	0.144
2005	0.284	2016	0.140
2006	0.283	2017	0.135
2007	0.266	2018	0.127
2008	0.249	2019	0.118
2009	0.229	2020	0.106
2010	0.212		

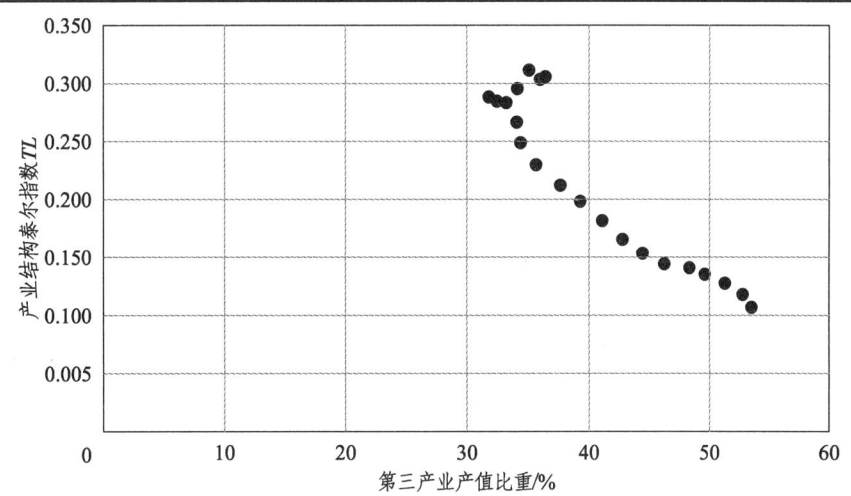

图 5-8 山东省第三产业增加值比重与产业结构泰尔指数散点图

三、山东省三次产业投资结构现状

固定资产投资是经济增长的主要推动力，也是优化产业结构的重要途径。在山东省产业结构不断调整优化、逐步趋于合理化的过程中，其经济发展方式逐渐转变，注重产业投入和有效投资，投资结构在调整中不断优化，三次产业投资构成由 2000 年的 3.0∶46.3∶50.7 转变为 2020 年的 2.3∶31.3∶66.4

（见表 5-15）。

表 5-15　山东省三次产业固定资产投资结构变化情况　　（单位：%）

年份	第一产业	第二产业	第三产业
2000	3.0	46.3	50.7
2001	3.4	45.9	50.7
2002	3.8	47.0	49.2
2003	3.1	52.5	44.3
2004	3.3	60.0	36.7
2005	2.9	63.1	34.0
2006	2.6	62.0	35.3
2007	2.9	59.9	37.2
2008	3.6	53.0	43.3
2009	3.2	50.5	46.2
2010	2.4	48.7	48.9
2011	2.1	47.9	50.0
2012	2.2	47.6	50.2
2013	1.8	48.0	50.2
2014	1.7	51.2	47.1
2015	1.9	50.8	47.3
2016	1.9	52.4	45.8
2017	1.9	49.6	48.5
2018	1.7	39.5	58.8
2019	1.7	30.1	68.2
2020	2.3	31.3	66.4

数据来源：2021 年《山东统计年鉴》。

由表 5-15 可以看出，自 2000 年以来，山东第一产业投资份额整体呈现下降趋势；第二产业固定资产投资份额在 2005 年达到 63.1%的峰值，后逐渐降低至 2019 年的 30.1%；第三产业固定资产投资占比在 2005 年达到 34%的最低值，后逐渐提升至 2019 年的最高值 68.2%。2020 年，山东省固定资产投资比 2019 年增长 3.6%，其中，第一产业投资增长 43.6%，第二产业投资增长 8.0%，第三产业投资增长 0.7%，第一产业和第二产业投资所占比重比 2019 年有一定提高，第三产业投资比重略有下滑，但第三产业仍是投资的主导，服务业投资引领的格局逐步稳固。

PART SIX

第六章

基于灰色关联的人口老龄化与产业结构调整分析

第一节 灰色关联分析模型介绍

一、灰色关联分析模型建立的理论依据

在进行系统分析时,数理统计中通常采用回归分析、方差分析等分析方法来进行,这些方法往往大都只用于少因素、线性的分析,而且,需要大量规律性较强的数据。而对于多因素的、非线性的、没有什么典型分布规律的数据则难以处理。1982年,邓聚龙教授针对"少数据不确定性"问题提出灰色关联分析模型,根据序列曲线几何形状的相似程度来判断其联系是否紧密,如果曲线越接近,说明相应序列之间的关联度就越大,反之,关联度则越小。灰色关联分析是考虑到回归分析等方法的种种不足,根据因素之间发展趋势的相似或相异程度,即"灰色关联度",作为衡量各因素之间关联程度的一种方法,其优势在于对于一个系统发展变化态势提供了量化比较分析,非常适合动态历程分析,且无论样本量多少同样适用。

二、灰色关联分析模型的建立步骤

1. 设定参考数据序列和比较数据序列。参考数据列用来反映系统的行为特征,又称母序列;而比较序列是影响系统行为的相关因素组成的数据序列,又称子序列。

参考序列常用 Y 表示,$Y = \{y_i(T) | i=1, 2, ..., m; T=1, 2, ..., n\}$。其中,$i$ 代表参考序列的个数,T 代表参考序列的长度。比较数列在关联分析中常记为 X,具体表示如下:$X = \{x_j(T) | j=1, 2, ..., s; T=1, 2, ..., n\}$。其中,$j$ 代表比较序列的个数,T 代表比较序列的长度。

2. 无量纲化处理。由于各数据序列的量纲不同,所以需要对各数据序列进行无量纲化处理。灰色管理分析中,常用地对数据进行无量纲化处理的方法有初值化法和均值化法。其中,初值化是指用第 1 个数据去除所有的数据,

得到一个新的数列，这个新的数列是各个不同时刻的值相对于第一个时刻的值的百分比。均值化处理则是用数列的平均值去除各数列的所有数据，以得到一个占平均值百分比的新的数列。

本书采用均值化对参考序列和比较序列进行无量纲化处理。计算公式为：

$$Y' = y_i(T)/\bar{y}_i, \quad i=1,2,\ldots,m; \quad T=1,2,\ldots,n$$

$$X' = x_j(T)/\bar{x}_j, \quad |j=1,2,\ldots,s; \quad T=1,2,\ldots,n$$

3. 求差序列。即计算每一时刻各参考序列和比较序列的绝对差，记为：

$$\triangle(T) = |y'_i(T) - x'_j(T)| \quad T=1,2,\ldots,n; \quad i=1,2,\ldots,m; \quad j=1,2,\ldots,s$$

4. 求最大差值和最小差值，记为：

$$\triangle(\max) = \max_j \max_T \triangle_j(T)$$

$$\triangle(\min) = \min_j \min_T \triangle_j(T)$$

5. 求灰色关联系数和关联度。通过比较关联度数值的大小，可以得到影响程度，系数越大，影响越大。

关联系数计算的是每一时刻参考序列和比较序列关联程度的数量，记为 $\gamma_{ij}(T)$，其计算公式如下：

$$\gamma_{ij}(T) = \frac{\triangle_i(\min) + \varepsilon \triangle_i(\max)}{\triangle_j(T) + \varepsilon \triangle_i(\max)}$$

上式中，$i=1,2,\ldots,m$；$j=1,2,\ldots,s$；$T=1,2,\ldots,n$；ε 为分辨系数，通常在 0.1-0.5 之间，一般情况下取 0.5。

由于关联系数衡量的是各个时刻的关联程度，其数值不止一个，因此为进行整体性比较，需要将各个时刻的关联系数化为一个值，即求关联度，记为 γ_j，其计算公式如下：

$$\gamma_j = \frac{1}{n} \sum_{T=1}^{n} \gamma_{ij}(T)$$

6. 得出灰色关联矩阵。如果灰关联因子集有多个母序列，那么每个母序列与所有子序列可以构成一个灰关联子空间。所有的灰关联子空间可以构成多参考列灰关联空间，其灰关联度以母序列为行进行排列，则构成灰关联矩阵。在具有 i 个行为特征、j 个相关因素的系统中，可得出关联矩阵如下：

$$\gamma = \begin{bmatrix} \gamma_{11} & \gamma_{12} & \cdots & \gamma_{1j} \\ \gamma_{21} & \gamma_{22} & \cdots & \\ \vdots & \vdots & \ddots & \vdots \\ \gamma_{i1} & \gamma_{i2} & \cdots & \gamma_{ij} \end{bmatrix}$$

第二节 山东省人口老龄化与居民消费结构的灰色关联分析

一、数据的选取与来源

（一）人口年龄结构数据的选取与来源

根据国家统计局的统计口径，将山东省总人口划分为三个年龄段：0~14岁（少年儿童）、15~64岁（劳动年龄人口）和65岁及以上（老年人口）。鉴于城乡人口老龄化程度的差异，本部分年龄结构数据分别计算2000—2020年城镇和农村各年龄段人口占总人口的比重，各年数据根据《中国人口和就业统计年鉴》（2007—2021年）、《中国人口统计年鉴》（2001—2006年）相关数据计算整理得到（见表6-1）。

表6-1 山东省2000—2020年城乡人口年龄结构 （单位：%）

年份	城镇			农村		
	0~14岁	15~64岁	65岁及以上	0~14岁	15~64岁	65岁及以上
2000	18.25	75.54	6.21	22.44	68.41	9.15
2001	19.06	74.85	6.09	21.38	68.93	9.68

续表

年份	城镇			农村		
	0~14岁	15~64岁	65岁及以上	0~14岁	15~64岁	65岁及以上
2002	17.86	75.59	6.55	19.51	70.64	9.85
2003	18.02	74.00	7.98	18.68	71.19	10.13
2004	16.97	74.69	8.35	17.32	72.45	10.23
2005	15.34	75.50	9.16	16.45	72.90	10.66
2006	14.88	76.82	8.30	15.60	73.82	10.58
2007	14.82	75.79	9.40	15.92	74.04	10.04
2008	15.35	75.46	9.20	15.80	73.96	10.24
2009	15.35	75.72	8.93	15.94	73.57	10.48
2010	14.83	76.96	8.21	16.63	71.91	11.45
2011	14.63	75.71	9.66	16.46	71.65	11.89
2012	15.82	74.64	9.54	16.49	71.93	11.58
2013	15.27	75.40	9.33	15.71	71.38	12.91
2014	15.01	75.02	9.97	16.73	69.96	13.31
2015	15.53	74.77	9.70	17.43	68.37	14.20
2016	16.33	73.92	9.75	17.81	67.85	14.34
2017	17.20	72.03	10.77	18.41	65.40	16.19
2018	17.81	69.25	12.94	18.32	63.09	18.59
2019	17.74	68.83	13.43	17.57	62.83	19.60
2020	19.33	68.75	11.92	17.83	61.55	20.62

资料来源：根据历年《中国人口和就业统计年鉴》整理。

（二）消费结构数据选取与来源

由于城乡居民收入水平、市场环境、消费习惯和消费观念的不同，本部分分别考查2000—2020年山东省城镇居民与农村居民的消费支出结构，根据历年《山东统计年鉴》相关数据，计算出包含食品烟酒、衣着、居住、生活用品及服务、交通通信、教育文化娱乐、医疗保健、其他商品及服务在内的八项消费支出在总支出中所占比例，结果如下：

表 6-2　山东省 2000—2020 年城镇居民各项消费性支出所占比重　（单位：%）

年份	食品烟酒	衣着	居住	生活用品及服务	交通通信	教育文化娱乐	医疗保健	其他商品及服务
2000	34.60	12.86	8.86	11.18	6.97	14.01	6.49	5.03
2001	34.04	12.73	10.02	9.94	7.70	14.49	6.34	4.74
2002	34.05	12.60	10.34	7.10	9.37	16.10	7.42	3.00
2003	33.13	11.96	12.13	7.56	10.13	14.73	7.46	2.90
2004	33.74	11.22	12.71	6.81	11.45	14.02	7.42	2.65
2005	32.42	10.91	15.04	6.64	11.37	13.06	7.90	2.67
2006	30.68	11.11	15.65	6.10	12.94	13.18	7.52	2.82
2007	31.03	10.74	17.72	6.63	12.63	11.25	7.44	2.58
2008	31.16	10.30	19.86	7.00	11.52	10.39	7.31	2.48
2009	30.42	10.30	19.73	7.04	12.78	9.87	7.45	2.43
2010	29.33	10.38	20.92	6.61	14.37	9.38	6.81	2.19
2011	30.15	10.55	21.36	6.59	13.24	9.19	6.52	2.39
2012	29.86	10.46	21.66	6.74	13.06	9.06	6.47	2.68
2013	29.18	9.68	23.60	6.89	12.31	9.40	6.51	2.42
2014	28.91	9.83	21.92	7.81	12.97	9.66	6.48	2.41
2015	27.84	9.79	20.44	7.44	13.84	10.78	7.13	2.73
2016	27.58	9.20	20.81	7.33	13.97	11.16	7.49	2.45
2017	26.79	8.82	21.22	7.52	14.23	11.36	7.72	2.34
2018	26.33	8.10	21.38	7.67	14.54	11.71	7.93	2.36
2019	26.06	7.64	22.01	7.79	14.07	11.86	8.17	2.39
2020	26.82	7.38	21.89	7.87	13.51	11.74	8.42	2.37

资料来源：根据《山东统计年鉴》整理。

表 6-3 山东省 2000—2012 年农村居民各项消费性支出所占比重 （单位：%）

年份	食品烟酒	衣着	居住	生活用品及服务	交通通信	教育文化娱乐	医疗保健	其他商品及服务
2000	43.72	6.54	16.92	6.54	5.74	12.16	6.71	1.55
2001	41.55	6.33	18.98	4.88	7.02	12.39	6.06	2.79
2002	41.13	6.38	16.81	4.88	7.87	13.73	6.43	2.72
2003	40.71	6.15	16.02	4.40	8.86	14.86	6.58	2.42
2004	40.63	5.65	15.38	4.74	9.43	13.82	6.61	3.74
2005	38.18	5.61	16.27	5.12	10.88	15.46	6.95	1.53
2006	36.20	6.02	17.41	5.21	11.36	14.84	7.15	1.84
2007	35.93	5.87	18.86	5.63	11.88	13.63	6.48	1.75
2008	36.06	5.79	19.79	6.18	11.37	12.10	7.04	1.69
2009	34.56	5.66	21.49	6.51	12.39	10.87	6.99	1.52
2010	35.20	5.95	17.42	7.13	13.89	10.71	8.21	1.50
2011	33.30	6.29	19.20	7.41	13.17	10.17	8.87	1.58
2012	31.79	6.19	20.78	6.39	14.32	9.34	9.68	1.48
2013	31.85	6.12	19.18	6.35	14.60	9.95	10.34	1.63
2014	30.96	6.14	19.43	6.58	15.40	10.06	9.75	1.68
2015	30.43	6.17	18.60	6.32	15.92	10.43	10.51	1.62
2016	29.76	6.05	18.56	6.35	16.23	10.64	10.79	1.61
2017	28.62	5.66	19.09	6.67	16.53	11.03	10.92	1.47
2018	28.06	5.52	19.65	6.76	16.62	11.23	10.69	1.47
2019	27.81	5.45	19.67	6.81	16.24	11.61	10.91	1.49
2020	29.40	5.44	19.23	6.46	16.68	10.20	11.16	1.43

资料来源：根据《山东统计年鉴》整理。

二、灰色关联分析

（一）无量纲化处理

根据灰色关联分析法，在这里，首先要定义系统行为序列（参考序列）和相关因素行为序列（比较序列）。

设定山东省人口年龄结构时间序列为系统行为序列 y_i（i=1, 2, 3），分别表示少年儿童、劳动年龄人口和老年人口占总人口的比重。然后，利用均值法对人口年龄结构时间序列进行无量纲处理，其均值化的结果如下：

表 6-4　山东省城乡居民系统行为序列数据均值化结果

年份	城镇 0~14岁（y_1）	城镇 15~64岁（y_2）	城镇 65岁及以上（y_3）	农村 0~14岁（y_1）	农村 15~64岁（y_2）	农村 65岁及以上（y_3）
2000	1.109 6	1.017 4	0.667 4	1.279 0	0.980 1	0.723 1
2001	1.158 8	1.008 1	0.654 5	1.218 6	0.987 5	0.765 0
2002	1.085 9	1.018 1	0.704 0	1.112 0	1.012 0	0.778 5
2003	1.095 6	0.996 6	0.857 7	1.064 7	1.019 9	0.800 6
2004	1.031 8	1.005 9	0.897 4	0.987 2	1.037 9	0.808 5
2005	0.932 7	1.016 8	0.984 5	0.937 6	1.044 4	0.842 5
2006	0.904 7	1.034 6	0.892 1	0.889 2	1.057 6	0.836 1
2007	0.901 0	1.020 7	1.010 3	0.907 4	1.060 7	0.793 5
2008	0.933 3	1.016 3	0.988 8	0.900 6	1.059 6	0.809 3
2009	0.933 3	1.019 8	0.959 8	0.908 6	1.054 0	0.828 2
2010	0.901 7	1.036 5	0.882 4	0.947 9	1.030 2	0.904 9
2011	0.889 5	1.019 7	1.038 2	0.938 2	1.026 5	0.939 7
2012	0.961 8	1.005 3	1.025 3	0.939 9	1.030 5	0.915 2
2013	0.928 4	1.015 5	1.002 8	0.895 4	1.022 6	1.020 3

续表

年份	城镇			农村		
	0~14岁 (y_1)	15~64岁 (y_2)	65岁及以上 (y_3)	0~14岁 (y_1)	15~64岁 (y_2)	65岁及以上 (y_3)
2014	0.912 6	1.010 4	1.071 5	0.953 6	1.002 3	1.051 9
2015	0.944 2	1.007 0	1.042 5	0.993 5	0.979 5	1.122 2
2016	0.992 8	0.995 6	1.047 9	1.015 1	0.972 0	1.133 3
2017	1.045 7	0.970 1	1.157 5	1.049 3	0.936 9	1.279 5
2018	1.082 8	0.932 7	1.390 8	1.044 2	0.903 8	1.469 2
2019	1.078 6	0.927 0	1.443 4	1.001 5	0.900 1	1.549 0
2020	1.175 2	0.925 9	1.281 1	1.016 3	0.881 8	1.629 6

根据灰色关联分析法，将食品烟酒、衣着、居住、生活用品及服务、交通通信、教育文化娱乐、医疗保健、其他商品及服务 8 项消费性支出所占比重定义为相关因素行为序列 x_j（j=1, 2, …, 8）。对消费结构进行均值化，其无量纲化结果见表 6-5。

表 6-5 山东省城镇居民比较序列数据均值化结果

年份	食品烟酒 x_1	衣着 x_2	居住 x_3	生活用品及服务 x_4	交通通信 x_5	教育文化娱乐 x_6	医疗保健 x_7	其他商品及服务 x_8
2000	1.145 9	1.247 5	0.490 4	1.502 4	0.569 8	1.193 5	0.894 6	1.819 9
2001	1.127 2	1.234 4	0.554 9	1.336 4	0.629 1	1.235 2	0.873 0	1.716 0
2002	1.127 6	1.222 1	0.572 8	0.953 5	0.765 7	1.372 4	1.022 5	1.084 5
2003	1.097 3	1.160 1	0.671 6	1.015 6	0.827 5	1.255 4	1.027 7	1.050 5
2004	1.117 3	1.088 2	0.703 8	0.915 4	0.935 6	1.194 6	1.022 5	0.957 4
2005	1.073 5	1.058 0	0.832 9	0.892 5	0.929 4	1.113 3	1.088 1	0.967 2
2006	1.016 0	1.077 3	0.866 3	0.820 0	1.057 2	1.123 1	1.036 6	1.019 1

续表

年份	食品烟酒 x_1	衣着 x_2	居住 x_3	生活用品及服务 x_4	交通通信 x_5	教育文化娱乐 x_6	医疗保健 x_7	其他商品及服务 x_8
2007	1.027 7	1.041 1	0.981 2	0.890 3	1.031 8	0.959 0	1.025 1	0.933 0
2008	1.031 8	0.998 5	1.099 5	0.941 1	0.941 6	0.885 3	1.007 4	0.898 6
2009	1.007 3	0.998 7	1.092 2	0.945 5	1.044 6	0.841 2	1.026 1	0.877 6
2010	0.971 4	1.006 2	1.158 5	0.888 8	1.174 4	0.799 4	0.938 4	0.794 0
2011	0.998 6	1.022 9	1.182 9	0.885 2	1.082 3	0.783 4	0.899 0	0.863 6
2012	0.988 8	1.014 7	1.199 5	0.906 2	1.067 4	0.772 3	0.891 5	0.969 0
2013	0.966 5	0.939 2	1.306 9	0.926 0	1.005 9	0.801 2	0.896 6	0.876 1
2014	0.957 6	0.953 2	1.213 6	1.049 5	1.060 1	0.823 2	0.893 5	0.872 9
2015	0.921 9	0.949 1	1.131 7	0.999 7	1.131 0	0.919 0	0.982 8	0.989 7
2016	0.913 5	0.892 4	1.152 2	0.985 3	1.141 2	0.951 1	1.032 2	0.887 2
2017	0.887 1	0.855 0	1.174 8	1.011 1	1.163 1	0.968 5	1.063 8	0.847 0
2018	0.871 9	0.785 3	1.183 9	1.030 2	1.187 9	0.997 6	1.092 5	0.852 2
2019	0.862 9	0.740 8	1.218 6	1.047 2	1.150 0	1.010 9	1.125 9	0.866 4
2020	0.888 1	0.715 3	1.211 9	1.058 2	1.104 3	1.000 5	1.160 4	0.857 9

表 6-6 山东省农村居民比较序列数据均值化结果

年份	食品烟酒 x_1	衣着 x_2	居住 x_3	生活用品及服务 x_4	交通通信 x_5	教育文化娱乐 x_6	医疗保健 x_7	其他商品及服务 x_8
2000	1.264 8	1.099 1	0.914 3	1.078 6	0.452 2	1.024 9	0.788 3	0.844 4
2001	1.202 3	1.063 3	1.025 4	0.804 6	0.553 7	1.043 7	0.711 6	1.519 9
2002	1.190 0	1.071 4	0.908 2	0.805 5	0.620 1	1.156 7	0.754 7	1.485 4
2003	1.177 7	1.033 0	0.865 5	0.726 4	0.698 2	1.252 1	0.773 1	1.319 2

续表

年份	食品烟酒 x_1	衣着 x_2	居住 x_3	生活用品及服务 x_4	交通通信 x_5	教育文化娱乐 x_6	医疗保健 x_7	其他商品及服务 x_8
2004	1.175 6	0.949 4	0.831 1	0.781 2	0.743 4	1.164 5	0.775 8	2.037 4
2005	1.104 7	0.943 2	0.878 7	0.843 7	0.857 8	1.303 0	0.816 1	0.832 6
2006	1.047 2	1.011 0	0.940 6	0.859 8	0.895 7	1.250 4	0.840 0	1.002 0
2007	1.039 5	0.985 9	1.018 6	0.929 0	0.936 4	1.148 6	0.761 0	0.954 7
2008	1.043 3	0.972 8	1.069 1	1.019 1	0.896 2	1.019 5	0.826 8	0.923 9
2009	0.999 9	0.951 7	1.160 9	1.073 6	0.976 7	0.915 6	0.821 4	0.831 1
2010	1.018 3	0.999 6	0.941 0	1.176 3	1.094 6	0.902 5	0.963 8	0.816 7
2011	0.963 5	1.056 2	1.037 3	1.222 7	1.038 3	0.856 6	1.041 9	0.864 0
2012	0.919 7	1.039 6	1.122 5	1.054 2	1.129 1	0.787 3	1.136 4	0.804 2
2013	0.921 3	1.028 8	1.036 1	1.047 9	1.150 8	0.838 1	1.214 2	0.887 8
2014	0.895 7	1.032 1	1.049 6	1.085 3	1.213 8	0.847 7	1.144 6	0.917 4
2015	0.880 4	1.037 3	1.004 7	1.042 4	1.255 2	0.878 5	1.233 7	0.884 8
2016	0.861 0	1.016 9	1.002 8	1.046 4	1.279 4	0.896 7	1.267 0	0.876 2
2017	0.828 1	0.950 6	1.031 1	1.100 2	1.303 3	0.929 6	1.282 0	0.801 2
2018	0.811 7	0.927 5	1.061 2	1.115 0	1.310 0	0.946 5	1.255 7	0.802 9
2019	0.804 6	0.916 1	1.062 5	1.122 7	1.280 1	0.978 2	1.281 3	0.814 9
2020	0.850 6	0.914 6	1.039 0	1.065 5	1.315 0	0.859 3	1.310 7	0.779 3

（二）灰色关联矩阵

计算各参考序列与各个比较序列的差序列，再比较各个差值得到最大差值和最小差值。城镇居民中，0~14 岁序列的最大差值为 $\Delta(\max)=0.521\ 37$，最小差值 $\Delta(\min)=0.001\ 3$；15~64 岁序列的最大差值为 $\Delta(\max)=0.802\ 5$，最小差

值 $\varDelta$(min)=0.001 6；65 岁及以上人口序列最大差值为 $\varDelta$(max)=1.152 5，最小差值 $\varDelta$(min)=0.003 1。农村居民中，0~14 岁序列的最大差值为 $\varDelta$(max)=1.050 1，最小差值 $\varDelta$(min)=0.001 7；15~64 岁序列的最大差值为 $\varDelta$(max)=0.999 4，最小差值 $\varDelta$(min)=0.006 2；65 岁及以上人口序列最大差值为 $\varDelta$(max)=1.228 9，最小差值 $\varDelta$(min)=0.001 3。然后，根据已经得出的数据计算关联度系数，计算每个比较序列和参考序列的关联度。最终，得到城镇居民人口年龄结构与消费结构的关联矩阵 R_1 和农村人口年龄结构与消费结构的关联矩阵 R_2，其中 r_{ij} 代表第 i 个年龄段与第 j 类消费性支出之间的关联度，结果如下：

$$R_1 = \begin{bmatrix} r_{11} & r_{12} & \cdots & r_{18} \\ r_{21} & r_{22} & \cdots & r_{28} \\ r_{31} & r_{32} & \cdots & r_{38} \end{bmatrix}$$
$$= \begin{bmatrix} 0.808\,7 & 0.762\,0 & 0.632\,1 & 0.855\,1 & 0.712\,3 & 0.768\,5 & 0.849\,7 & 0.779\,3 \\ 0.875\,8 & 0.826\,2 & 0.659\,4 & 0.798\,1 & 0.771\,8 & 0.744\,1 & 0.849\,7 & 0.780\,7 \\ 0.769\,4 & 0.751\,6 & 0.814\,9 & 0.804\,8 & 0.882\,8 & 0.710\,2 & 0.822\,2 & 0.737\,5 \end{bmatrix}$$

$$R_2 = \begin{bmatrix} r_{11} & r_{12} & \cdots & r_{18} \\ r_{21} & r_{22} & \cdots & r_{28} \\ r_{31} & r_{32} & \cdots & r_{38} \end{bmatrix}$$
$$= \begin{bmatrix} 0.834\,6 & 0.874\,6 & 0.838\,7 & 0.797\,5 & 0.714\,6 & 0.803\,4 & 0.724\,7 & 0.763\,4 \\ 0.856\,0 & 0.922\,7 & 0.866\,3 & 0.798\,7 & 0.694\,9 & 0.826\,8 & 0.698\,0 & 0.743\,1 \\ 0.689\,4 & 0.757\,8 & 0.792\,8 & 0.811\,3 & 0.816\,1 & 0.687\,8 & 0.880\,5 & 0.697\,8 \end{bmatrix}$$

（三）结果分析

通过关联矩阵 R_1 可以看出，从 0~14 岁城镇少年儿童的消费性支出结构来看，$r_{14}>r_{17}>r_{11}>r_{18}>r_{16}>r_{12}>r_{15}>r_{13}$，说明城镇少年儿童对八类消费支出的需求程度关联影响大小顺序依次是：生活用品及服务、医疗保健、食品、其他商品及服务、教育文化娱乐、衣着、交通通信、居住；劳动年龄人口的消费支出关联影响排序依次为：$r_{21}>r_{27}>r_{22}>r_{24}>r_{28}>r_{25}>r_{26}>r_{23}$，即食品烟酒>医疗保健>衣着>生活用品及服务>其他商品及服务>交通通信>教育文化娱乐>居住；65 岁及以上城镇老年人口与各项消费性支出的关联度从大到小的排序依次为：$r_{35}>r_{37}>r_{33}>r_{34}>r_{31}>r_{32}>r_{38}>r_{36}$，即交通通信>医疗保健>居住>生活用品及服务>食品烟酒>衣着>其他商品及服务>教育文化娱乐。据此可以发现，医疗保健在各年龄段人口的需求关联度排序中都比较靠前，说明城镇各年龄段人口都对医疗保健影响较大、需求较强。从人口年龄结构变动的角度分析，$r_{33}>r_{32}>r_{31}$，$r_{35}>r_{25}>r_{15}$，这说明随着年龄结构的变动，城镇老年人口更加关注居住和交通通信方面的消费；同时，食品烟酒、衣着、教育文化娱乐和其他商品及服务的各项指标均明显低于其他年龄段人口（见图 6-1）。

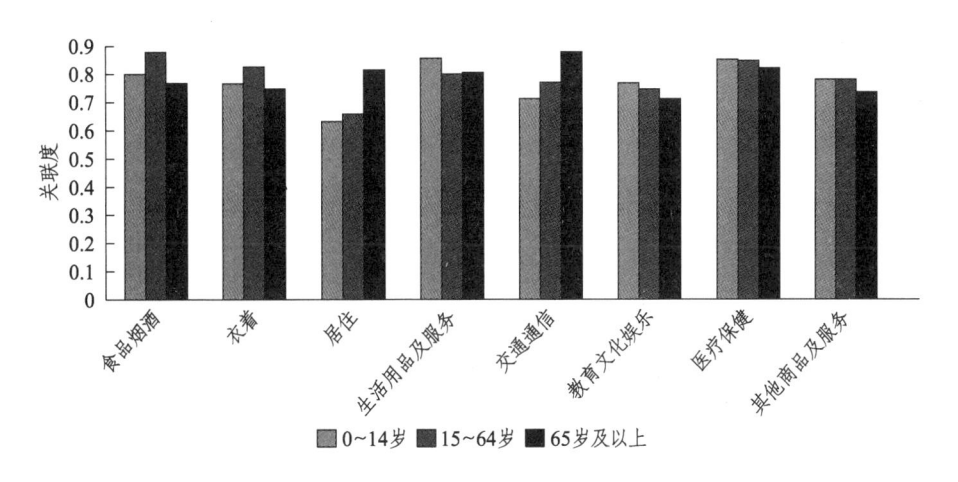

图 6-1 山东省城镇居民人口年龄结构与消费结构的关联度

从关联矩阵 R_2 可以看出，农村少年儿童对八类消费品的需求程度关联影响大小顺序是：衣着、居住、食品、教育文化娱乐、生活用品及服务、其他商品及服务、医疗保健、交通通信；劳动年龄人口的消费支出关联度排序为：$r_{22}>r_{23}>r_{21}>r_{26}>r_{24}>r_{28}>r_{27}>r_{25}$，即衣着>居住>食品烟酒>教育文化娱乐>生活用品及服务>其他商品及服务>医疗保健>交通通信；农村老年人口与各项消费性支出的关联度排序依次为：$r_{37}>r_{35}>r_{34}>r_{33}>r_{32}>r_{38}>r_{31}>r_{36}$，即医疗保健>交通通信>生活用品及服务>居住>衣着>其他商品及服务>食品烟酒>教育文化娱乐。从人口年龄结构变动的角度来看，农村老年人口在医疗保健、交通通信和生活用品及服务方面的关联度明显高于其他年龄段人口，在食品烟酒和教育文化娱乐方面偏低（见图6-2）。

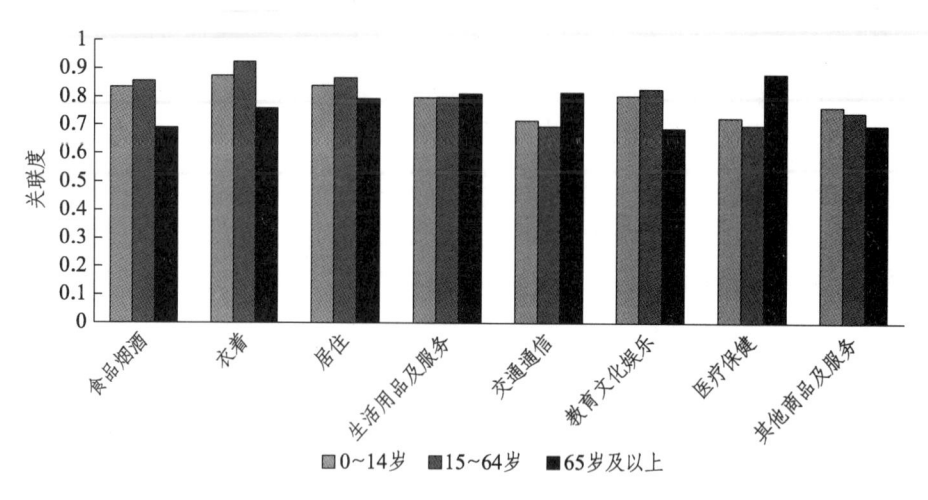

图6-2　山东省农村居民人口年龄结构与消费结构的关联度

分年龄段来说，无论是城镇居民还是农村居民，少年儿童人口比重均对食品支出的关联影响较明显。食品支出方面，如果一个家庭要削减食品支出，婴幼儿食品往往是最后一个考虑的项目，因为很多家庭会认为，安全和质量比价格更重要。由于目前婴幼儿食品价格较高，家长在经济条件允许的情况下往往会给孩子购买价高质优的食品，所以导致少儿人口比重与食品支出关联度较大。

对于劳动年龄人口来讲，食品烟酒和衣着类支出与其关联度较大。随着山东省居民生活水平和城镇化水平的不断提高，对生活品质的要求提高，劳动年龄人口对食品烟酒及衣着类的支出呈刚性增长趋势。

城镇居民和农村居民中的老年人口比重对医疗保健支出、交通通信支出的关联影响明显。老龄化推动老年人更加关注身体健康和生活质量，随着年龄的增加，机体的各项功能不断衰退，抵御疾病的能力逐渐下降，老年人发病率要明显高于中青年人群，身体健康问题成为老年人十分关心的问题。交通通信需求的增加原因，其一是老年人出行活动不便，需要借助各种交通工具，其二是由于近年来兴起的"夕阳红"旅游热潮，老年群体出门旅游需要乘坐各类交通工具，从而带动了交通运输及其相关行业的发展。现代社会人口流动性较大，子女在外工作，老年人与其子女进行联系和沟通就得经常依靠手机等各种通信工具和通信服务。因此，随着老年人消费观念的转变、老年旅游产业的发展，以及近年来山东省"银龄通信工程"的实施，老年人在交通、通信方面的消费增长明显。总体上看，无论是城镇居民还是农村居民，老年人口与医疗保健和交通通信的关联度很大，这会给老龄大健康产业和老年旅游产业的发展带来契机。老年人口比重对食品烟酒和教育文化娱乐的关联影响明显小于其他年龄段，究其原因，这应该与山东省相关老年消费市场开发不足有关。近年来，大街小巷中的婴幼儿用品店如雨后春笋般涌现，与此形成鲜明对比的是，老年用品专卖店凤毛麟角，尤其是在食品市场上，适合老年人的食品种类单一，缺乏专门针对老年人口感和营养需求的食品类型，老年食品法规和老年食品开发生产企业匮乏。同时，以老年大学为代表模式的老年文化教育发展虽然已取得长足的进展，但无论在数量上还是在质量上都还比较滞后。

由于我国城乡二元经济结构的影响，城乡居民在各方面的需求差异较大。但是，随着经济发展水平的提高和居民消费观念的转变，山东省城乡居民消费结构呈现出一个共同的变化趋势：基本生活资料消费由"量"的满足逐渐过渡到"质"的提高。因此，需要依据山东省经济社会发展现实和人口年龄结构变动趋势，针对各年龄段人口对不同消费品的需求，不断完善居民的消费结构，引导城乡居民消费结构的优化升级。

1. 调整产业结构，积极发展"老龄产业"和"婴童产业"。不同年龄段的居民对各类消费支出的需求不同，人口年龄结构变动会对居民消费支出结构产生影响。因此，为刺激不同年龄层次居民的消费水平，应合理安排产业布局，调整产业政策。

2. 引导城乡居民转变消费观念，促进消费结构的优化升级。相关部门和企业应该加强宣传，转变老年人的消费观念，刺激老年人消费热情的提高，鼓励老年人增加文教娱乐等精神层面的发展型消费，引导老年人的消费向更趋合理的消费结构模式转变。另外，利用各种途径对农村居民进行消费教育，引导农民形成现代消费理念，促进其消费方式和消费习惯的改变，培育新的消费热点。

3. 调节收入分配，切实提高低收入阶层收入。通过解决居民收入差距过大的问题，增强低收入阶层的消费能力，提高他们的消费意愿，使城镇低收入阶层和农村居民的消费心理和偏好发生变化，从而整个社会的消费结构自然会得到优化。

4. 加快完善养老保障和医疗保障体系，建立覆盖面更广的社会保障制度。社会保障制度不健全会使人们对未来收入与支出的预期不明朗，导致预防性储蓄增加，消费倾向下降。随着山东省人口年龄结构的日益老化，需要建立覆盖面更广的社会保障制度，包括多元化的养老保障体系和完善的医疗保障制度，同时应该加快农村养老保障和医疗保险制度的建设，缩小城乡间社会保障体系和居民消费的差距。

第三节　山东省人口老龄化与三次产业的灰色关联分析

一、山东省人口老龄化与三次产业产值结构的关联性

（一）数据选取和来源

设定山东省老年系数时间序列为参考序列 Y_i（$i=1$），山东省三次产业产值构成序列（即三次产业产值占地区生产总值的比重）为比较序列 X_j（$j=1, 2, 3$），详细数据见表6-7。

表6-7　山东省三次产业产值构成及老年系数　　（单位：%）

年份	老年系数（Y_1）	第一产业产值比重（X_1）	第二产业产值比重（X_2）	第三产业产值比重（X_3）
2000	8.1	15.1	49.8	35.1
2001	8.2	14.8	49.2	36
2002	8.5	13.6	50	36.4
2003	9.1	13.4	52.4	34.2
2004	9.2	13.1	55.1	31.8
2005	9.9	12.1	55.4	32.5
2006	10	11.1	55.7	33.2
2007	10.2	10.8	55.1	34.1
2008	10.3	10.6	55	34.4
2009	10.4	10.4	53.9	35.7
2010	9.9	10.1	52.2	37.7
2011	10	9.6	51.1	39.3
2012	10.4	9.4	49.5	41.1
2013	11	9.4	47.8	42.8
2014	11.6	9.2	46.4	44.4
2015	12.2	8.9	44.9	46.2
2016	13.2	8.2	43.5	48.3
2017	14	7.7	42.7	49.6
2018	15	7.4	41.3	51.3
2019	15.8	7.3	39.9	52.8
2020	15.1	7.3	39.1	53.6

数据来源：2001—2021年《山东统计年鉴》。

（二）灰色关联分析

利用均值法对以上数据进行无量纲处理，其结果见表6-8。

表 6-8　原始数据无量纲化结果

年份	老年系数（Y_1）	第一产业产值比重（X_1）	第二产业产值比重（X_2）	第三产业产值比重（X_3）
2000	0.732 874	1.444 647	1.015 340	0.866 667
2001	0.741 922	1.415 945	1.003 107	0.888 889
2002	0.769 065	1.301 139	1.019 417	0.898 765
2003	0.823 352	1.282 005	1.068 350	0.844 444
2004	0.832 400	1.253 303	1.123 398	0.785 185
2005	0.895 735	1.157 631	1.129 515	0.802 469
2006	0.904 782	1.061 959	1.135 631	0.819 753
2007	0.922 878	1.033 257	1.123 398	0.841 975
2008	0.931 926	1.014 123	1.121 359	0.849 383
2009	0.940 974	0.994 989	1.098 932	0.881 481
2010	0.895 735	0.966 287	1.064 272	0.930 864
2011	0.904 782	0.918 451	1.041 845	0.970 370
2012	0.940 974	0.899 317	1.009 223	1.014 815
2013	0.995 261	0.899 317	0.974 563	1.056 790
2014	1.049 548	0.880 182	0.946 019	1.096 296
2015	1.103 835	0.851 481	0.915 437	1.140 741
2016	1.194 313	0.784 510	0.886 893	1.192 593
2017	1.266 695	0.736 674	0.870 583	1.224 691
2018	1.357 174	0.707 973	0.842 039	1.266 667
2019	1.429 556	0.698 405	0.813 495	1.303 704
2020	1.366 221	0.698 405	0.797 184	1.323 457

计算参考序列与各比较序列在对应时期的绝对差值，计算结果见表 6-9。

表 6-9　老年系数与各产业产值构成序列的绝对差值

年份	第一产业	第二产业	第三产业
2000	0.711 773	0.282 466	0.133 793
2001	0.674 024	0.261 185	0.146 967
2002	0.532 074	0.250 352	0.129 700
2003	0.458 653	0.244 998	0.021 092
2004	0.420 903	0.290 998	0.047 215
2005	0.261 896	0.233 780	0.093 265
2006	0.157 177	0.230 849	0.085 029
2007	0.110 379	0.200 520	0.080 903
2008	0.082 197	0.189 433	0.082 543
2009	0.054 015	0.157 958	0.059 492
2010	0.070 552	0.168 537	0.035 130
2011	0.013 669	0.137 062	0.065 588
2012	0.041 657	0.068 250	0.073 841
2013	0.095 944	0.020 698	0.061 529
2014	0.169 365	0.103 528	0.046 749
2015	0.252 354	0.188 398	0.036 906
2016	0.409 803	0.307 420	0.001 720
2017	0.530 021	0.396 113	0.042 004
2018	0.649 201	0.515 135	0.090 507
2019	0.731 151	0.616 061	0.125 853
2020	0.667 816	0.569 037	0.042 765

由表 6-9 可知,老年系数与第一产业产值序列的最大差值为 $\Delta(\max)=0.731\,151$,第二产业产值序列的最大差值为 $\Delta(\max)=0.616\,061$,第三次产业产值序列最大差值为 $\Delta(\max)=0.146\,967$。

然后，根据已经得出的数据计算每个比较序列和参考序列的关联系数，即2000—2020年各年份山东省老年系数和三次产业增加值占比之间的灰色关联系数（见表6-10）。

表6-10　老年系数与各产业产值构成序列的关联系数

年份	第一产业	第二产业	第三产业
2000	0.340 925	0.566 778	0.735 520
2001	0.353 305	0.586 022	0.716 615
2002	0.409 175	0.596 329	0.741 598
2003	0.445 624	0.601 559	0.949 900
2004	0.467 013	0.559 413	0.889 788
2005	0.585 358	0.612 818	0.800 486
2006	0.702 619	0.615 830	0.815 117
2007	0.771 703	0.648 823	0.822 651
2008	0.820 273	0.661 783	0.819 639
2009	0.875 367	0.701 570	0.864 087
2010	0.842 174	0.687 674	0.916 623
2011	0.968 494	0.730 736	0.851 871
2012	0.901 931	0.846 645	0.835 871
2013	0.795 840	0.950 871	0.859 966
2014	0.686 610	0.782 973	0.890 793
2015	0.594 397	0.663 021	0.912 577
2016	0.473 699	0.545 763	1.000 000
2017	0.410 113	0.482 212	0.901 163
2018	0.361 947	0.417 045	0.805 327
2019	0.334 902	0.374 167	0.747 405
2020	0.355 427	0.392 992	0.899 485

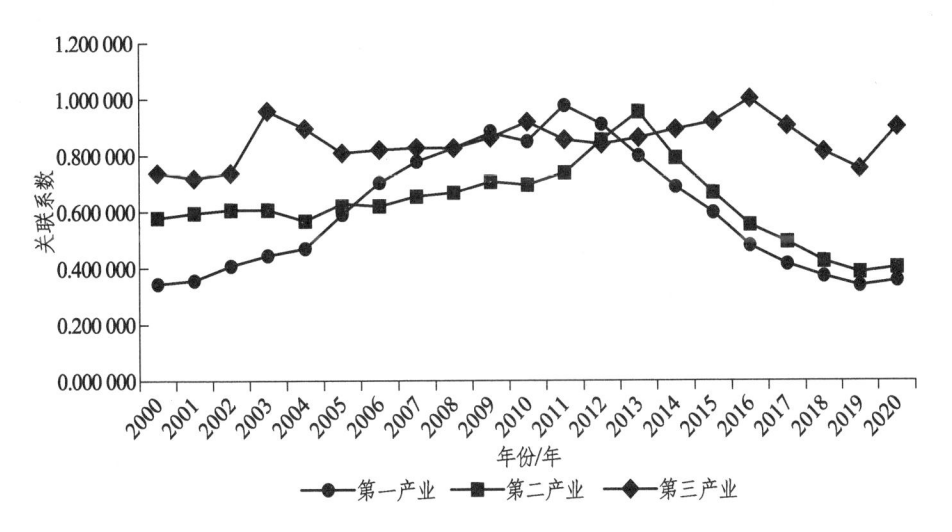

图 6-3 2000—2020 年山东省人口老龄化和三次产业产值构成的关联系数时序

根据关联系数绘制的时序图可以看出，近年来老龄化率与山东省第一、第二产业产值的关联性呈现逐步减弱走势，两大产业产值占比与老龄化率关联性分别在 2011 年和 2013 年达到最高，随后随着时间推移相关性逐步减低。近年来，老龄化率与山东省第三产业产值的关联性相对较强。

最后，求得山东老年系数与第一产业产值构成、第二产业产值构成、第三产业产值构成的灰色关联度分别为 0.595 1、0.620 2 和 0.846 5（见表 6-11）。由此可见，山东人口老龄化水平与第三产业产值构成的关联度最大，其次是与第二产业产值构成，与第一产业产值构成的关联度最低。这可能是由于老龄化推动老年人更加关注身体健康和生活质量，进而推动了老年医疗保健业、老年旅游业、老年生活服务业等养老服务业的持续发展。

表 6-11 山东人口老龄化和三次产业产值占比灰色关联分析结果

参考序列	第一产业	第二产业	第三产业
老年系数	0.595 1	0.620 2	0.846 5

二、山东省人口老龄化与三次产业就业结构的关联性

(一) 数据选取和来源

设定山东省老年系数时间序列为参考序列 Y_i ($i=1$),山东省三次产业就业构成序列(即三次产业就业人数占就业人口总数的比重)为比较序列 X_j ($j=1, 2, 3$),详细数据见表6-12。

表6-12　山东省三次产业就业构成及老年系数　　　单位:%

年份	老年系数(Y_1)	第一产业就业比重(X_1)	第二产业就业比重(X_2)	第三产业就业比重(X_3)
2000	8.1	52.1	24	23.9
2001	8.2	51.4	24.6	24
2002	8.5	50	25.3	24.7
2003	9.1	48.5	26.1	25.4
2004	9.2	47	27.2	25.8
2005	9.9	45.4	27.9	26.7
2006	10	43.9	28.5	27.6
2007	10.2	42.4	29.1	28.5
2008	10.3	40.9	29.8	29.3
2009	10.4	39.4	30.5	30.1
2010	9.9	38	31.2	30.8
2011	10	36.6	31.8	31.6
2012	10.4	35.1	32.5	32.4
2013	11	33.8	32.6	33.4
2014	11.6	32.4	33.1	34.5
2015	12.2	31.1	33.3	35.6
2016	13.2	29.8	33.3	36.9
2017	14	28.5	33.5	38
2018	15	27.3	33.4	39.3
2019	15.8	26	33.3	40.7
2020	15.1	24.9	33.4	41.7

数据来源:2001—2021年《山东统计年鉴》。

（二）灰色关联分析

利用均值法对以上数据进行无量纲处理，其结果如下：

表 6-13　原始数据无量纲化结果

年份	老年系数（Y_1）	第一产业就业比重（X_1）	第二产业就业比重（X_2）	第三产业就业比重（X_3）
2000	0.732 874	1.359 975	0.794 451	0.759 419
2001	0.741 922	1.341 703	0.814 313	0.762 596
2002	0.769 065	1.305 158	0.837 484	0.784 839
2003	0.823 352	1.266 004	0.863 966	0.807 081
2004	0.832 400	1.226 849	0.900 378	0.819 791
2005	0.895 735	1.185 084	0.923 550	0.848 389
2006	0.904 782	1.145 929	0.943 411	0.876 986
2007	0.922 878	1.106 774	0.963 272	0.905 583
2008	0.931 926	1.067 620	0.986 444	0.931 003
2009	0.940 974	1.028 465	1.009 615	0.956 423
2010	0.895 735	0.991 920	1.032 787	0.978 665
2011	0.904 782	0.955 376	1.052 648	1.004 085
2012	0.940 974	0.916 221	1.075 820	1.029 505
2013	0.995 261	0.882 287	1.079 130	1.061 280
2014	1.049 548	0.845 743	1.095 681	1.096 232
2015	1.103 835	0.811 809	1.102 301	1.131 185
2016	1.194 313	0.777 874	1.102 301	1.172 492
2017	1.266 695	0.743 940	1.108 922	1.207 444
2018	1.357 174	0.712 617	1.105 612	1.248 752
2019	1.429 556	0.678 682	1.102 301	1.293 236
2020	1.366 221	0.649 969	1.105 612	1.325 011

计算参考序列与比较序列在对应时期的绝对差值，计算结果见表6-14。

表6-14 老年系数与各产业就业构成序列的绝对差值

年份	第一产业	第二产业	第三产业
2000	0.627 101	0.061 578	0.026 545
2001	0.599 781	0.072 391	0.020 675
2002	0.536 093	0.068 419	0.015 774
2003	0.442 652	0.040 614	0.016 271
2004	0.394 449	0.067 978	0.012 609
2005	0.289 349	0.027 815	0.047 346
2006	0.241 147	0.038 629	0.027 796
2007	0.183 896	0.040 394	0.017 295
2008	0.135 694	0.054 518	0.000 923
2009	0.087 491	0.068 642	0.015 449
2010	0.096 186	0.137 052	0.082 931
2011	0.050 594	0.147 866	0.099 303
2012	0.024 752	0.134 846	0.088 532
2013	0.112 974	0.083 869	0.066 019
2014	0.203 805	0.046 133	0.046 685
2015	0.292 026	0.001 533	0.027 350
2016	0.416 438	0.092 011	0.021 821
2017	0.522 755	0.157 774	0.059 251
2018	0.644 557	0.251 562	0.108 422
2019	0.750 874	0.327 255	0.136 320
2020	0.716 253	0.260 610	0.041 210

根据已经得出的数据计算每个比较序列和参考序列的关联系数，即2000—2020年各年份山东省老年系数和三次产业就业构成之间的灰色关联系数（见表6-15）。

表 6-15 老年系数与各产业就业构成序列的关联系数

年份	第一产业	第二产业	第三产业
2000	0.375 407	0.861 206	0.936 260
2001	0.385 923	0.840 411	0.950 135
2002	0.412 888	0.847 932	0.962 038
2003	0.460 047	0.904 600	0.960 818
2004	0.488 851	0.848 774	0.969 885
2005	0.566 136	0.933 311	0.890 196
2006	0.610 395	0.908 937	0.933 354
2007	0.672 872	0.905 078	0.958 312
2008	0.736 328	0.875 347	1.000 000
2009	0.812 998	0.847 507	0.962 837
2010	0.798 010	0.734 376	0.821 087
2011	0.883 410	0.719 201	0.792 770
2012	0.940 454	0.737 551	0.811 175
2013	0.770 581	0.819 409	0.852 541
2014	0.649 745	0.892 757	0.891 590
2015	0.563 866	0.998 381	0.934 388
2016	0.475 276	0.805 136	0.947 394
2017	0.419 019	0.705 837	0.865 816
2018	0.368 982	0.600 256	0.777 829
2019	0.334 153	0.535 597	0.735 427
2020	0.344 750	0.591 717	0.903 306

根据2000—2020年山东省人口老龄化和三次产业就业构成的关联系数时序图，山东老龄化率与第二、第三产业就业相关性较高，与第一产业就业相关性最低，第一产业就业比重与老龄化率在2012年达到峰值，之后随着时间推移二者相关性逐步降低。

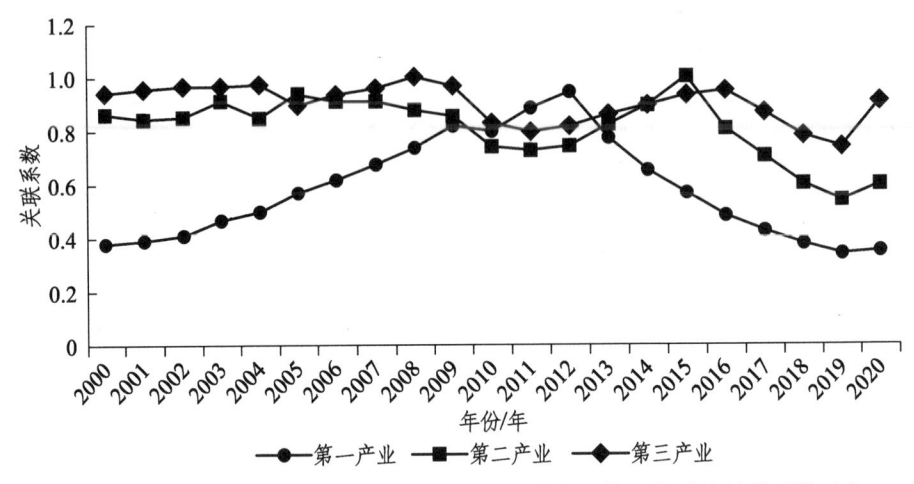

图 6-4　2000—2020 年山东省人口老龄化和三次产业就业构成的关联系数时序

最后，求得山东老年系数与第一产业就业构成、第二产业就业构成、第三产业就业构成的灰色关联度分别为 0.574 8，0.805 4 和 0.898 0（见表 6-16）。由此可见，山东人口老龄化水平与第三产业就业构成的关联度最大，其次是与第二产业就业构成，与第一产业就业构成的关联度最低。这种关联性与老龄化和三次产业产值结构的关联性是相似的。这可能是由于在人口老龄化加深的过程中，人口就业分布发生了明显变化，农业从业人口明显减少，服务业从业人口大幅增加。

表 6-16　山东人口老龄化和三次产业就业构成灰色关联分析结果

参考序列	第一产业	第二产业	第三产业
老年系数	0.574 8	0.805 4	0.898 0

三、山东省人口老龄化与三次产业投资结构的关联性

（一）数据选取和来源

设定山东省老年系数时间序列为参考序列 Y_i（$i=1$），山东省三次产业投资构成序列（三次产业固定资产投资额占地区固定资产投资总额的比重）为比较序列 X_j（$j=1,2,3$），详细数据见表 6-17。

表 6-17　山东省三次产业投资构成及老年系数　　（单位：%）

年份	老年系数（Y_1）	第一产业投资占比（X_1）	第二产业投资占比（X_2）	第三产业投资占比（X_3）
2000	8.1	3.0	46.3	50.7
2001	8.2	3.4	45.9	50.7
2002	8.5	3.8	47.0	49.2
2003	9.1	3.1	52.5	44.3
2004	9.2	3.3	60.0	36.7
2005	9.9	2.9	63.1	34.0
2006	10	2.6	62.0	35.3
2007	10.2	2.9	59.9	37.2
2008	10.3	3.6	53.0	43.3
2009	10.4	3.2	50.5	46.2
2010	9.9	2.4	48.7	48.9
2011	10	2.1	47.9	50.0
2012	10.4	2.2	47.6	50.2
2013	11	1.8	48.0	50.2
2014	11.6	1.7	51.2	47.1
2015	12.2	1.9	50.8	47.3
2016	13.2	1.9	52.4	45.8
2017	14	1.9	49.6	48.5
2018	15	1.7	39.5	58.8
2019	15.8	1.7	30.1	68.2
2020	15.1	2.3	31.3	66.4

数据来源：2001—2021 年《山东统计年鉴》。

（二）灰色关联分析

利用均值法对以上数据进行无量纲处理，其结果见表6-18。

表6-18 原始数据无量纲化结果

年份	老年系数（Y_1）	第一产业投资占比（X_1）	第二产业投资占比（X_2）	第三产业投资占比（X_3）
2000	0.732 874	1.179 775	0.937 337	1.055 203
2001	0.741 922	1.337 079	0.929 239	1.055 203
2002	0.769 065	1.494 382	0.951 509	1.023 984
2003	0.823 352	1.219 101	1.062 855	0.922 002
2004	0.832 400	1.297 753	1.214 692	0.763 826
2005	0.895 735	1.140 449	1.277 451	0.707 631
2006	0.904 782	1.022 472	1.255 182	0.734 688
2007	0.922 878	1.140 449	1.212 668	0.774 232
2008	0.931 926	1.415 730	1.072 978	0.901 189
2009	0.940 974	1.258 427	1.022 366	0.961 546
2010	0.895 735	0.943 820	0.985 925	1.017 740
2011	0.904 782	0.825 843	0.969 729	1.040 634
2012	0.940 974	0.865 169	0.963 656	1.044 797
2013	0.995 261	0.707 865	0.971 754	1.044 797
2014	1.049 548	0.668 539	1.036 537	0.980 278
2015	1.103 835	0.747 191	1.028 439	0.984 440
2016	1.194 313	0.747 191	1.060 831	0.953 221
2017	1.266 695	0.747 191	1.004 145	1.009 415
2018	1.357 174	0.668 539	0.799 672	1.223 786
2019	1.429 556	0.668 539	0.609 370	1.419 425
2020	1.366 221	0.904 494	0.633 664	1.381 962

计算参考序列与比较序列在对应时期的绝对差值，计算结果见表 6-19。

表 6-19　老年系数与各产业投资构成序列的绝对差值

年份	第一产业	第二产业	第三产业
2000	0.446 902	0.204 464	0.322 329
2001	0.595 157	0.187 318	0.313 282
2002	0.725 317	0.182 444	0.254 919
2003	0.395 749	0.239 503	0.098 650
2004	0.465 353	0.382 292	0.068 574
2005	0.244 715	0.381 716	0.188 103
2006	0.117 689	0.350 399	0.170 095
2007	0.217 571	0.289 789	0.148 646
2008	0.483 804	0.141 052	0.030 737
2009	0.317 453	0.081 392	0.020 572
2010	0.048 086	0.090 190	0.122 006
2011	0.078 940	0.064 947	0.135 852
2012	0.075 805	0.022 682	0.103 823
2013	0.287 395	0.023 507	0.049 536
2014	0.381 008	0.013 010	0.069 270
2015	0.356 644	0.075 395	0.119 395
2016	0.447 122	0.133 482	0.241 092
2017	0.519 504	0.262 550	0.257 280
2018	0.688 634	0.557 501	0.133 388
2019	0.761 017	0.820 186	0.010 131
2020	0.461 727	0.732 557	0.015 741

通过表 6-19 可知，老年系数与第一产业投资序列的最大差值为 $\Delta(max)=0.761\,017$，与第二产业投资序列的最大差值为 $\Delta(max)=0.820\,186$，与

第三次产业投资序列最大差值为 $\Delta(\max)=0.322\,329$。

然后，根据已经得出的数据计算每个比较序列和参考序列的关联系数，即2000—2020年各年份山东省老年系数和三次产业投资占比之间的灰色关联系数（见表6-20）。

表6-20　老年系数与各产业投资构成序列的关联系数

年份	第一产业	第二产业	第三产业
2000	0.490 346	0.683 784	0.573 745
2001	0.418 029	0.703 409	0.580 922
2002	0.370 108	0.709 195	0.631 904
2003	0.521 472	0.646 900	0.826 005
2004	0.480 011	0.530 328	0.877 904
2005	0.641 752	0.530 714	0.702 485
2006	0.796 207	0.552 568	0.724 290
2007	0.669 504	0.600 421	0.752 093
2008	0.470 103	0.762 456	0.953 257
2009	0.577 591	0.855 009	0.975 755
2010	0.917 162	0.839 972	0.789 748
2011	0.859 296	0.884 608	0.769 719
2012	0.864 840	0.970 999	0.817 690
2013	0.602 482	0.969 151	0.914 268
2014	0.531 189	0.993 195	0.876 630
2015	0.548 068	0.865 570	0.793 643
2016	0.490 220	0.773 075	0.645 322
2017	0.452 049	0.624 736	0.629 669
2018	0.382 464	0.434 298	0.773 209
2019	0.358 825	0.341 568	1.000 000
2020	0.482 008	0.367 763	0.986 826

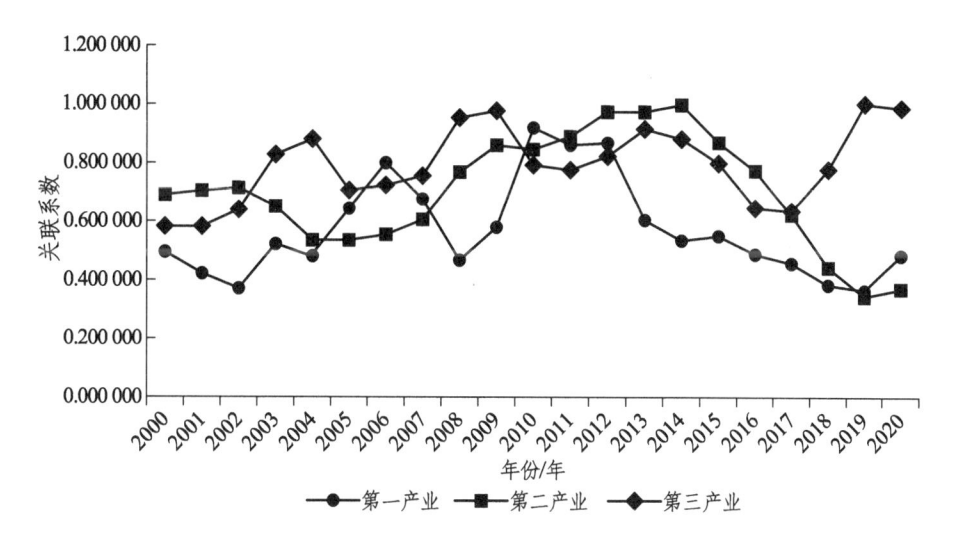

图 6-5　2000—2020 年山东省人口老龄化和三次产业投资构成的关联系数时序

根据图 6-5 可以看出，老龄化率与三次产业投资构成的走势并未呈现明显的趋势性，而是呈震荡波动走势。第一产业在 2010 年左右达到峰值，但整体还是处于区间震荡；第二产业在 2014 年达到峰值后逐步回落；第三产业投资占比与老龄化率呈现弱震荡向上走势，从 2018 年开始，二者的关联性上升幅度较大。

最后，求得山东老年系数与第一产业投资构成、第二产业投资构成、第三产业投资构成的灰色关联度分别为 0.567 8、0.697 1 和 0.790 2（见表 6-21）。由此可见，山东人口老龄化水平与第三产业投资构成的关联度最大，其次是与第二产业投资构成，与第一产业投资构成的关联度最低。这可能是由于随着老龄化的加深，老年人口抚养比提高，养老医疗、住房、交通通信等方面的市场需求增加，而这些养老需求所对应的商品或服务大多属于第三产业，从而推动第三产业的投资增加；也可能是由于在人口老龄化过程中，人口就业分布发生了明显变化，农业从业人口明显减少，服务业从业人口大幅增加，从而需要加大对第三产业的投资。

表 6-21　山东人口老龄化和三次产业投资占比灰色关联分析结果

参考序列	第一产业	第二产业	第三产业
老年系数	0.567 8	0.697 1	0.790 2

PART SEVEN

第七章

基于VAR模型的人口老龄化对产业结构调整影响的实证分析

第一节　基本模型

1980年，克里斯托弗·西姆斯（Christopher Sims）提出了一种基于数据的统计性质建立的模型即向量自回归模型（Vector Autoregressive Model，简称VAR模型），该模型把系统内每一个内生变量作为其他内生变量滞后值的函数来构造模型，忽略了变量的内生性和外生性特征，克服了传统计量模型的缺点。VAR模型经常被用于预测相互联系的时间序列系统，分析随机扰动项对变量系统的动态影响。该模型已成为处理多个经济指标预测和分析最常用的模型之一。

一般的VAR（p）模型的数学表达式为：

$$Y_t = A_1 Y_{t-1} + A_2 Y_{t-2} + \ldots + A_i Y_{t-i} + BX_t + \varepsilon_t \, (t=1, 2, \ldots, T)$$

上式中，Y_t是k维内生变量向量，X_t是d维外生变量向量，p是滞后阶数，ε_t是随机扰动项，T是样本个数。研究构建含有多变量的向量自回归模型，所用计量软件是Eviews10.0。通过基于VAR模型的脉冲响应分析和方差分解分析，研究这些变量对产业结构的冲击作用，并测算它们在产业结构调整过程中的贡献度。

第二节　指标选择和数据说明

产业结构的优化调整程度可以从两个维度进行衡量，分别是产业结构合理化和产业结构高级化。

产业结构合理化既可以衡量产业之间的各种协调和平衡程度，又可以反映生产要素在产业间的合理配置状况。为进一步衡量产业结构变迁的优化程度，在度量产业结构合理化水平时，借鉴干春晖等（2011）的处理方法计算山东省产业结构泰尔指数，其计算公式为：

$$TL = \sum_{i=1}^{n}\left(\frac{Y_i}{Y}\right)\ln\left(\frac{Y_i}{L_i}\bigg/\frac{Y}{L}\right)$$

其中，TL 代表产业结构泰尔指数，Y 表示产值，L 表示就业，i 表示产业结构类次，n（=1，2，3）表示三次产业，Y_i/L_i 衡量的是某一产业部门的劳动生产率，Y/L 代表劳动生产率。若 $TL\neq0$，代表产业结构偏离了均衡状态，即产业结构不合理；若 $TL=0$，表明各产业之间的劳动力配置是合理的。TL 作为一个负向指标，其值越接近于零，代表产业结构越合理；其值越大，代表产业结构越不合理。

产业结构高级化作为产业结构升级的一种衡量，是产业结构由低级向高级的演变。产业结构服务化是经济发展的一个总体趋势，因此本书通过衡量第三产业在地区生产总值中所占比重来得到产业结构升级指数，计算公式如下：

$$TS = \frac{Y_3}{Y}$$

其中，TS 代表产业结构升级指数，Y_3 表示第三产业的产值，Y 表示地区生产总值。TS 越大，代表产业结构服务化倾向越高，产业结构升级程度越高。

老龄化是人口年龄结构变动所带来的经济社会变化，一个经济社会的老龄化水平可以通过老年系数、老年抚养比和老少比等相关指标来衡量。本研究中人口老龄化指标选用老年抚养比来衡量，即老年人口数量与劳动年龄人口数量之比，用符号 OLD 表示。老年抚养比可以用于表明每一百名劳动年龄人口需要负担的老年人口数量，老年抚养比越高，意味着某一国家或地区的老龄化程度越严重。

此外，考虑到外商直接投资和城镇化水平与一个经济体的产业结构、需求结构、经济增长水平等直接紧密联系，因此，在分析时加入外商直接投资（FDI，实际利用外资额）和地区城镇化率（UR，城镇常住人口占全省人口的比重）这两个变量。

本研究通过构建多变量的 VAR 模型，分析老龄化、外商直接投资和城镇化对产业结构合理化和产业结构高级化的影响，同时结合 Johansen 协整检验、脉冲响应函数、方差分解以及格兰杰因果关系检验来研究各变量之间的动态关系。本研究选取的是年度数据，样本区间为 2000—2020 年，使用的数据源于《山东统计年鉴》和《中国统计年鉴》。由于数据在经过对数的变换后不影响变量的特征，可以增强数据的稳定性，因此，在检验平稳性之前先对各项指标做一下对数处理，再依次检验平稳性。本研究中选取的主要变量有产业结构泰尔指数（TL）、产业结构升级指数（TS）、老年抚养比（OLD）、外商直接投资（FDI）和城镇化率（UR），经对数变换后的指标依次记为 LNTL、LNTS、LNOLD、LNFDI、LNUR。

第三节　实证结果与分析

一、序列平稳性检验

本研究使用的数据为时间序列数据，为避免变量的不平稳带来的伪回归，运用 Augmented Dickey-Fuller Test（ADF 检验）单位根方法进行数据的平稳性检验。利用软件 Eviews10.0 对纳入模型的各指标变量进行平稳性检验，结果见表 7-1。

ADF 单位根检验结果显示，在 5%和 1%显著性水平下，各变量的原序列和一阶差分序列均无法拒绝存在单位根的原假设，均为非平稳序列；二阶差分序列拒绝存在单位根的原假设，均为平稳序列。因此，这表明原序列是二阶单整序列，即一阶差分是一阶单整序列，如果一阶差分序列组合存在协整关系，则可以构建 VAR 模型。通过计算 LR、FPE、AIC、SC、HQ 统计量，根据统计量的最小值来确定最优滞后阶数，根据简洁性原则，确定建立 VAR（1）模型。

表 7-1 变量的 ADF 单位根检验

变量	D	检验类型 (C, T, K)*	ADF	1%临界值	5%临界值	检验结果
LNTS	0	(1, 1, 4)	-0.784 336	-4.667 883	-3.733 200	不平稳
LNTL	0	(1, 1, 0)	-0.028 753	-4.498 307	-3.658 446	不平稳
LNOLD	0	(1, 1, 2)	-2.304 841	-4.571 559	-3.690 814	不平稳
LNFDI	0	(1, 1, 0)	-2.711 088	-4.498 307	-3.658 446	不平稳
LNUR	0	(1, 1, 1)	-2.931 748	-4.532 598	-3.673 616	不平稳
DLNTS	1	(1, 0, 0)	-2.119 175	-3.831 511	-3.029 970	不平稳
DLNTL	1	(1, 0, 1)	-1.174 615	-3.857 386	-3.040 391	不平稳
DLNOLD	1	(1, 0, 0)	-2.691 432	-3.831 511	-3.029 970	不平稳
DLNFDI	1	(1, 0, 1)	-2.726 774	-3.857 386	-3.040 391	不平稳
DLNUR	1	(1, 0, 1)	-2.394 588	-3.857 386	-3.040 391	不平稳
D2LNTS	2	(0, 0, 0)	-4.069 676	-2.699 769	-1.961 409	平稳
D2LNTL	2	(0, 0, 0)	-10.23 131	-2.699 769	-1.961 409	平稳
D2LNOLD	2	(0, 0, 0)	-5.652 585	-2.699 769	-1.961 409	平稳
D2LNFDI	2	(0, 0, 0)	-6.777 499	-2.699 769	-1.961 409	平稳
D2LNUR	2	(0, 0, 0)	-6.243 796	-2.699 769	-1.961 409	平稳

注：单位根检验原假设为序列存在单位根，表中 D 表示一阶差分；C、T、K 分别表示单位根检验方程的常数、趋势项和最大滞后项，C（或 T）=0 表示没有常数项或趋势项，加入滞后项是为了使残差项为白噪声，滞后期的选择标准参考 SC 准则。

二、VAR（1）模型的稳定性检验

经过上述分析，序列组合可以建立 VAR 模型，首先应对建立的 VAR（1）模型的稳定性进行检验。在这里，本研究进一步使用 AR 根图来检验模型的稳定性，如果模型是稳定的，则 VAR 模型所有根的倒数均小于 1，即全部都在单位圆内；如果模型不稳定，模型结果将不是有效的。经检验，发现 VAR（1）模型所有根模的倒数均落在单位圆内，因此，构建的 VAR（1）模型具有较强的稳定性（见图 7-1）。

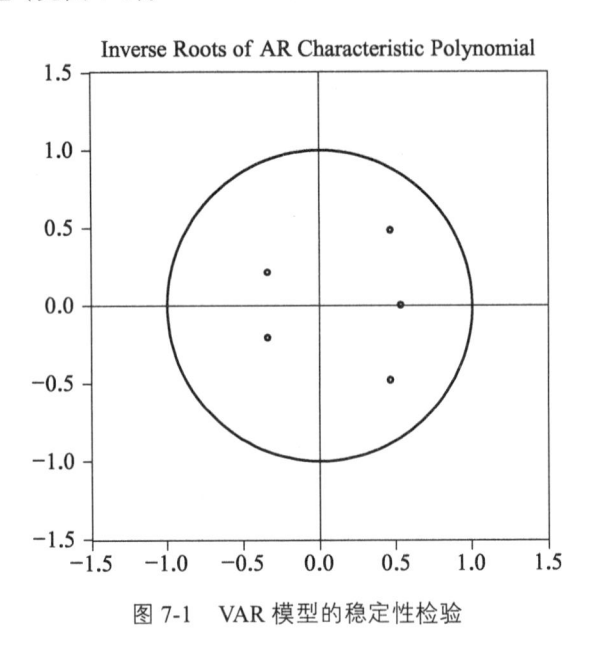

图 7-1　VAR 模型的稳定性检验

三、Johansen 协整检验

Johansen 协整检验是按照协整关系个数从 0 到 K-1 顺序进行的，直到拒绝相应的原假设为止。用 Johansen 协整检验法对变量进行协整检验，检验结果见下表。

根据表 7-2 的检验结果，原假设 None 表示没有协整关系，由迹统计量（Trace Statistic）可知，拒绝了不存在协整关系的原假设（p= 0.000 6<0.01），表明变量组合内存在协整关系；同时，迹统计量检验结果显示，在 5%显著性水平下，存在 2 个协整方程，表明模型中识别出 2 个协整关系，因此，表明可以构建 VAR 模型。

表 7-2　Johansen 协整检验结果

Hypothesized No. of CE(s)	Eigenvalue	Trace Statistic	0.05 Critical Value	Prob.**
None *	0.881 388	89.593 95	69.818 89	0.000 6
At most 1 *	0.719 413	51.219 84	47.856 13	0.023 3
At most 2	0.582 476	28.344 17	29.797 07	0.072 8
At most 3	0.313 244	12.622 73	15.494 71	0.129 4
At most 4 *	0.277 825	5.858 769	3.841 466	0.015 5

Trace test indicates 2 cointegrating eqn(s) at the 0.05 level

* denotes rejection of the hypothesis at the 0.05 level

**MacKinnon-Haug-Michelis (1999) p-values

四、格兰杰（Granger）因果关系检验

通过实证分析可以得出变量之间存在协整关系，但没有表明序列之间是否存在因果关系。格兰杰指出，如果变量之间是协整的，则至少存在一个方向上的格兰杰原因，这就是由格兰杰于1969年提出的一种基于"预测"的因果关系，被称为"格兰杰因果关系"。这种"预测"是统计学意义上的"格兰杰因果性"，其实质上是检验一个变量的滞后变量是否可以被引入到其他变量方程。如果一个变量受到其他变量的滞后影响，则称它们具有格兰杰因果关系，但需要基于理论推导其经济学意义上的分析。

它的分析方法是：原来的假设为"X不能格兰杰引起Y"。倘若p值小于0.05，则说明拒绝原假设，X可以格兰杰引起Y，或者是X是Y的格兰杰的因。反之，p值大于0.05，则说明无法拒绝原假设，即X不能格兰杰引起Y，或者X不是Y的格兰杰的因。利用格兰杰因果检验来检验山东省人口老龄化、外商直接投资、城镇化与产业结构合理化、产业结构高级化之间的因果关系，检验结果见表7-3。

表 7-3　Granger 因果关系检验

原假设	卡方统计量	自由度	P 值
DLNOLD does not Granger cause DLNTL	6.626 462	1	0.010 0
DLNTL does not Granger cause DLNOLD	1.908 033	1	0.167 2
DLNOLD does not Granger cause DLNTS	0.353 537	1	0.552 1
DLNTS does not Granger cause DLNOLD	0.349 725	1	0.554 3
DLNFDI does not Granger cause DLNTL	0.611 464	1	0.434 2
DLNTL does not Granger cause DLNFDI	0.066 973	1	0.795 8
DLNFDI does not Granger cause DLNTS	2.263 710	1	0.132 4
DLNTS does not Granger cause DLNFDI	0.602 397	1	0.437 7
DLNUR does not Granger cause DLNTL	0.075 957	1	0.782 9
DLNTL does not Granger cause DLNUR	0.019 248	1	0.889 7
DLNUR does not Granger cause DLNTS	0.367 859	1	0.544 2
DLNTS does not Granger cause DLNUR	0.463 425	1	0.496 0

计量的检验结果显示：人口老龄化 DLNOLD 是产业结构合理化 DLNTL 的格兰杰原因，其 p 值为 0.010 0，小于 0.05，而产业结构合理化 DLNTL 不是老龄化 DLNOLD 的格兰杰原因，其 p 值为 0.167 2，大于 0.05，二者为单向因果的关系；老龄化 DLNOLD 不是产业结构高级化 DLNTS 的格兰杰原因，其 p 值为 0.552 1，大于 0.05，且 DLNTS 不是 DLNOLD 的格兰杰原因，其 p 值为 0.554 3，大于 0.05，二者没有显著的因果关系。外商直接投资 DLNFDI 不是产业结构合理化 DLNTL 的格兰杰原因（其 p 值为 0.434 2>0.05），且 DLNTL 不是 DLNFDI 的格兰杰原因（其 p 值为 0.795 8>0.05），二者没有显著的因果的关系。DLNFDI 不是 DLNTS 的格兰杰原因（其 p 值为 0.132 4>0.05），且 DLNTS 不是 DLNFDI 的格兰杰原因（其 p 值为 0.437 7>0.05），二者没有显著的因果的关系。DLNUR 不是 DLNTL 的格兰杰原因（其 p 值为 0.782 9>0.05），且 DLNTL 不是 DLNUR 的格兰杰原因（其 p 值为 0.889 7>0.05），二者没有显著的因果的关系。DLNUR 不是 DLNTS 的格兰杰原因（其 p 值为 0.544 2>0.05），且 DLNTS 不是 DLNUR 的格兰杰原因（其 p 值为 0.496 0>0.05），二者没有显著的因果的关系。

五、基于 VAR 模型的脉冲响应分析和方差分解

(一) 脉冲响应函数分析

通过进行脉冲响应函数（Impulse Response Function，IRF）分析，可以研究关注一个变量变化对另一个变量的全部影响过程，在这种情况下可以比较全面地反映各个变量之间的动态影响。通过进行脉冲响应分析，计算各个变量对系统分量正交化新息冲击产生的脉冲响应函数，得到脉冲响应函数，绘制成图，可以清晰地看到各个系统分量正交化后的一个标准差新息冲击对未来时期的响应过程。图 7-2 和图 7-3 分别是 DLNOLD 受到正的外部冲击后引起 DLNTL 和 DLNTS 波动响应的函数曲线：

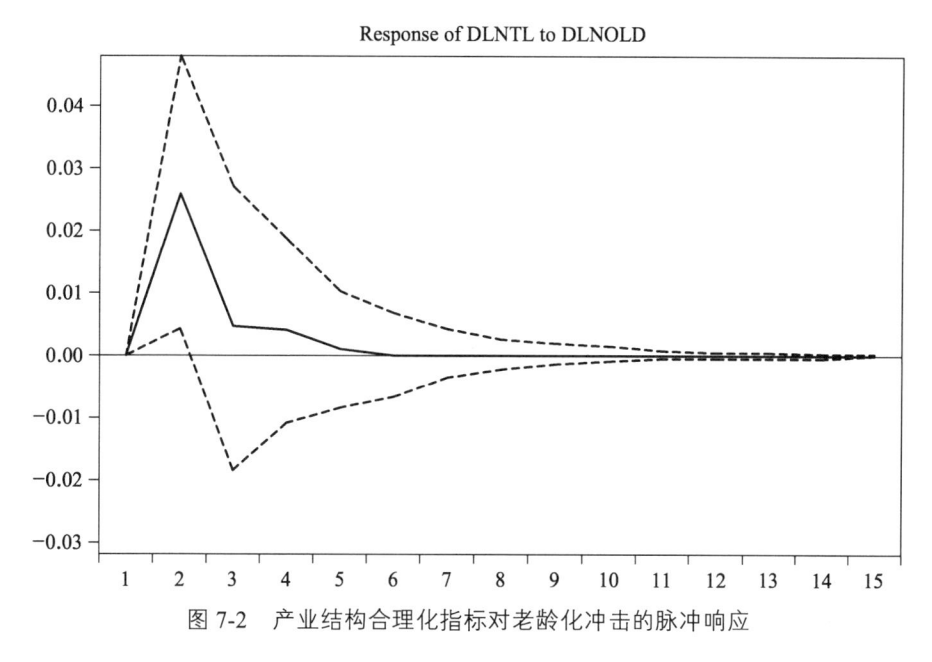

图 7-2 产业结构合理化指标对老龄化冲击的脉冲响应

图 7-2 的结果表明，在受到人口老龄化（DLNOLD）一个单位标准差新息作用下，产业结构合理化指标（DLNTL）在第 1 期并未立即做出响应，在第 1 期至第 2 期之间，DLNTL 开始出现逐渐增加的正向波动，这种正向波动在第 2 期达到峰值，第 2 期之后开始变弱，逐渐趋于平稳，至第 10 期之后逐

渐收敛到零。这表明 DLNTL 在受到 DLNOLD 的冲击后将主要产生正向响应，即人口老龄化会使得产业结构合理化指标增大，而产业结构合理化指标是一个负向指标，其数值越大，说明产业结构偏离度越大，意味着山东省人口老龄化在短期内会阻碍产业结构合理化。

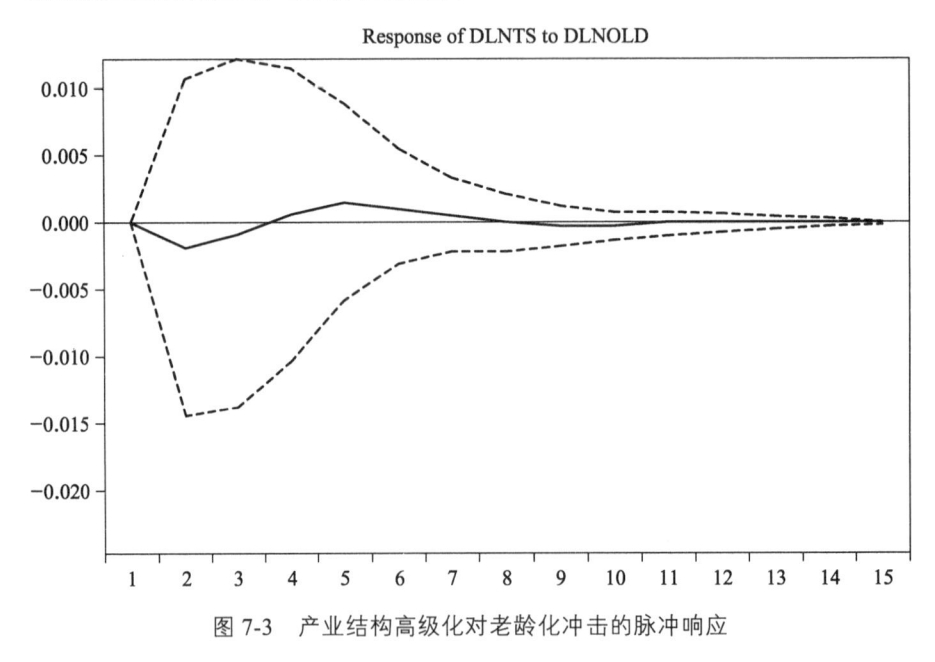

Response of DLNTS to DLNOLD

图 7-3 产业结构高级化对老龄化冲击的脉冲响应

图 7-3 是老龄化（DLNOLD）受到冲击后引起产业结构高级化（DLNTS）波动响应的函数图，其结果表明，给 DLNOLD 一个正的外部冲击，DLNTS 在第 1 期并未立即做出响应，在第 1 期至第 3 期之间，DLNTS 出现先增加后减少的负向波动，从第 4 期开始表现为逐渐增大的正向波动，并在第 5 期时响应程度达到顶峰，之后呈逐渐收敛回落态势，在第 4 期至第 8 期，表现为先增大后减小的正向响应。观察期内，人口老龄化指标单次冲击后，产业结构高级化呈现先负向后正向的波动趋势，说明山东省人口老龄化对产业结构高级化起到短时间的负向冲击后主要表现为正向影响作用，即老龄化可以在一定程度上促进产业结构的高级化进程。这说明山东省人口老龄化会通过带动医疗保健、社区服务、娱乐文化等相关第三产业的发展，进而对产业结构

优化升级产生一定的推动作用。

根据图 7-4，外商直接投资（DLNFDI）在当期受到一个正的外部冲击后，产业结构合理化指标（DLNTL）在当期未立即表现波动，后来表现为逐渐增强的负向响应，到第 2 期达到负响应的峰值，在第 3 期出现逐渐减少的负向波动，在穿过 0 轴之后，转变为正响应，从第 3 期到第 4 期呈现先增大后减小的正向波动，在第 5 期之后呈现微弱的负向波动。观察期内，产业结构合理化（DLNTL）在受到外商直接投资（DLNFDI）的单次冲击后，呈现出先负向后正向又转为微弱的负向的波动趋势，说明山东省外商直接投资的增长对于产业结构合理化的影响有促进意义也有抑制作用。根据城镇化（DLNUR）受到冲击后引起产业结构合理化指标（DLNTL）波动响应的函数图，给 DLNUR 一个正的外部冲击，DLNTL 在第 1 期并未立即表现出响应，在第 1 期至第 3 期之间，DLNTL 出现先增加后减少的负向波动，并在第 3 期达到负响应的峰值，第 4 期穿过 0 轴呈现短暂的正向波动，第 5 期之后呈现微弱的负向波动并趋于平稳。观察期内，城镇化（DLNUR）单次冲击后，产业结构合理化（DLNTL）呈现先负向后短暂的正向又转为微弱的负向的波动趋势，说明城镇

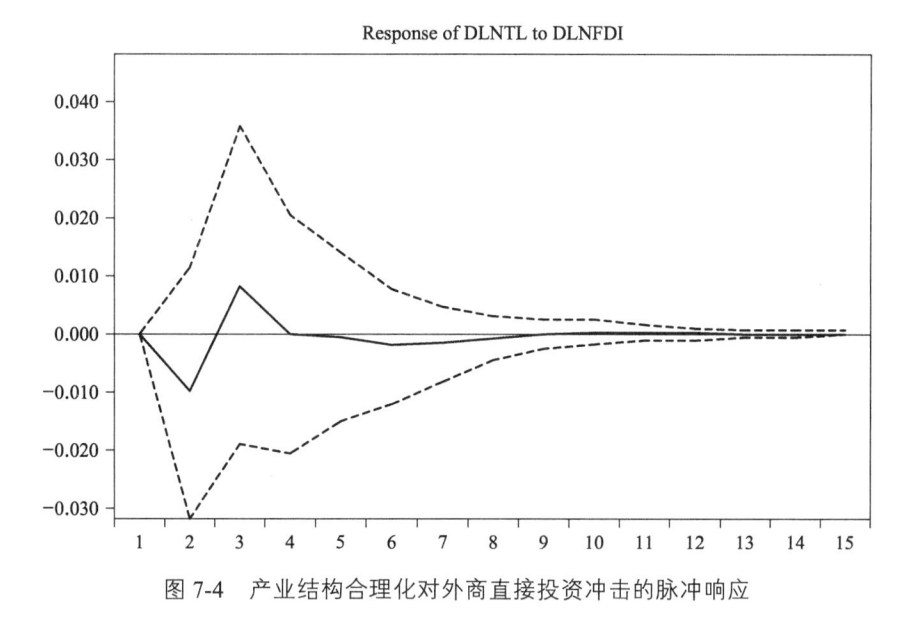

图 7-4 产业结构合理化对外商直接投资冲击的脉冲响应

图 7-5 产业结构合理化对城镇化冲击的脉冲响应

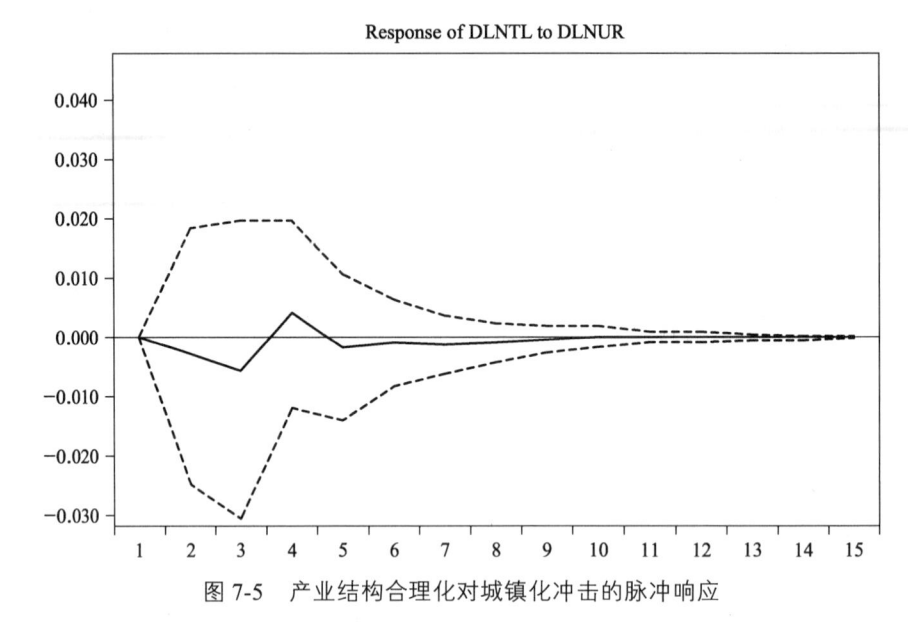

化率的提高对于产业结构合理化有正向的促进作用,也有微弱的负向影响,城镇化短期内有利于实现产业结构合理化,中期又会起到一定的抑制作用,长期来看对产业结构合理化主要表现为促进作用。

图 7-6 的结果表明,给外商直接投资(DLNFDI)一个正的外部冲击,产业结构高级化(DLNTS)在第 1 期并未立即做出响应,在第 1 期至第 2 期之间,表现为逐渐增大的负向波动,在第 2 期达到负的峰值,这种负向波动在第 2 期之后逐渐减弱,在第 5 期之后呈现出正向波动,在第 5 期至第 9 期之间,表现为先增大后减小的正向波动。观察期内,在 DLNFDI 单次冲击后,DLNTS 基本呈现先负向后正向的响应,这表明由于外商直接投资在山东省内涉及的行业和领域的变化,山东省外商直接投资先是阻碍产业结构高级化,后又促进了产业结构的高级化进程。根据城镇化(DLNUR)受到冲击后引起产业结构高级化(DLNTS)波动响应的函数图,给 DLNUR 一个正的外部冲击,产业结构高级化(DLNTS)在第 1 期未立即表现出响应,在第 1 期至第 3 期之间,表现为逐渐增大的负向波动,在第 3 期达到负的峰值,这种负向波动在第 3 期之后逐渐减弱,在第 6 期之后呈现出正向波动,在第 6 期至第 9

期，表现为微弱的正向波动。观察期内，DLNUR 单次冲击后，DLNTS 呈现先负向后正向的波动趋势，说明山东省城镇化水平的提高对产业结构高级化进程起到先负向冲击，后表现为正向影响作用。

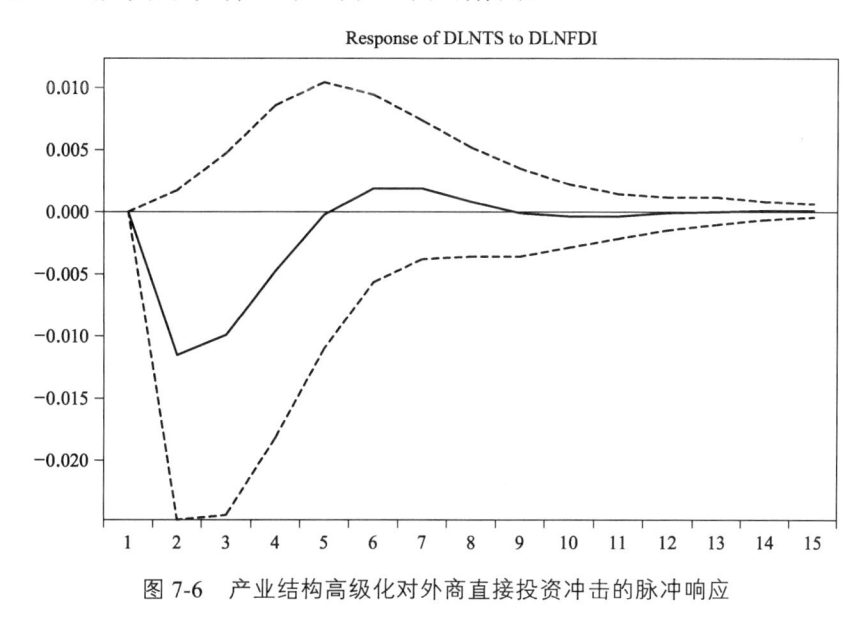

图 7-6　产业结构高级化对外商直接投资冲击的脉冲响应

图 7-7　产业结构高级化对城镇化冲击的脉冲响应

综上所述，基于 VAR 模型的脉冲响应分析表明：人口老龄化的正冲击可以引起山东省产业结构合理化的正向波动，增强产业结构偏离度，即山东省人口老龄化在短期内会阻碍产业结构合理化进程，这可能是由于从劳动力供给总量来看，人口老龄化造成了"人口红利"的消失，进而影响了山东省产业结构合理化进程。人口老龄化的正冲击会引起山东省产业结构高级化先负向后正向的响应，说明山东省人口老龄化对产业结构高级化起到短时间的负向冲击后，又会通过劳动力供给质量、储蓄结构和社会需求结构等方面为产业结构转型升级创造新的需求，从而带动相关第三产业的发展，推动产业结构高级化的实现。山东省外商直接投资和城镇化水平的提升短期内能够促进产业结构合理化，中期又会起到一定的抑制作用，长期来看对产业结构合理化主要表现为微弱的促进作用。外商直接投资和城镇化对山东省产业结构高级化的实现表现为先抑制后促进的影响。因此，人口老龄化背景下的产业结构升级，既面临挑战，又存在机遇。山东省应积极应对老龄化，转危为机。通过完善生育支持政策，优化人口结构，实现人口和经济社会的协调发展；加大人力资本投入力度，促进劳动生产率的提升；大力发展老龄产业，转变产业发展方式；加大对外资的吸引力度，提升外资利用质量，引导外资更多地投向省内先进制造业和现代服务业，合理引导外资更好地服务山东经济；同时，加快以人为本的城镇化建设，提升城镇化水平。

（二）方差分解

为了进一步研究人口老龄化对产业结构合理化和产业结构高级化的贡献度，下面分别对产业结构合理化和产业结构高级化进行方差分解，方差分解的结果分别见表 7-4 和表 7-5。

表 7-4 产业结构合理化的方差分解

时期	标准误差	*DLNTL*	*DLNTS*	*DLNOLD*	*DLNFDI*	*DLNUR*
1	0.048 030	100.000 0	0.000 000	0.000 000	0.000 000	0.000 000
2	0.068 110	51.064 39	31.808 63	14.712 69	2.219 035	0.195 251

续表

时期	标准误差	DLNTL	DLNTS	DLNOLD	DLNFDI	DLNUR
3	0.070 282	47.958 89	33.508 36	14.207 31	3.507 181	0.818 251
4	0.070 904	47.120 46	34.007 36	14.282 66	3.447 706	1.141 816
5	0.071 366	46.612 85	34.679 15	14.120 89	3.409 221	1.177 880
6	0.071 473	46.472 95	34.788 35	14.078 50	3.472 786	1.187 423
7	0.071 539	46.388 06	34.814 52	14.053 69	3.523 149	1.220 583
8	0.071 551	46.373 44	34.810 43	14.049 61	3.531 900	1.234 622
9	0.071 553	46.372 46	34.808 98	14.050 94	3.531 816	1.235 803
10	0.071 554	46.371 35	34.808 06	14.051 59	3.533 179	1.235 826
11	0.071 555	46.370 42	34.807 37	14.051 54	3.534 316	1.236 355
12	0.071 555	46.370 20	34.807 27	14.051 46	3.534 498	1.236 573
13	0.071 555	46.370 13	34.807 36	14.051 44	3.534 498	1.236 578
14	0.071 555	46.370 03	34.807 38	14.051 42	3.534 585	1.236 597
15	0.071 555	46.369 97	34.807 35	14.051 40	3.534 642	1.236 631

从产业结构合理化（DLNTL）的方差分解中可以看出，产业结构合理化在第1期的波动影响贡献率是100%，而其他变量对于产业结构合理化的波动影响贡献率均为0，说明山东省产业结构合理化完全由自身贡献。后来随着时间推移，逐渐演变至第15期前后，产业结构合理化对自身方差变异的解释率为46.369 97%，产业结构高级化对产业结构合理化方差变异的解释率为34.807 35%，老年抚养比对产业结构合理化方差变异的解释率为14.051 4%，外商直接投资对产业结构合理化方差变异的解释率为3.534 642%，城镇化率对产业结构合理化方差变异的解释率缓慢提升至1.236 631%。这表明长期而言，产业结构合理化（DLNTL）的变异主要受自身以及产业结构高级化（DLNTS）、人口老龄化（DLNOLD）的影响，其次是其余变量的影响。由此可见，山东省人口老龄化对产业结构合理化的贡献度占有重要位置，对产业结构合理化的冲击效果比较明显。

表 7-5　产业结构高级化的方差分解

时期	标准误差	DLNTS	DLNTL	DLNOLD	DLNFDI	DLNUR
1	0.027 918	100.000 0	0.000 000	0.000 000	0.000 000	0.000 000
2	0.034 873	87.138 68	0.468 643	0.257 467	10.916 47	1.218 741
3	0.038 286	77.933 83	0.850 291	0.256 533	15.742 64	5.216 706
4	0.039 016	75.191 11	1.256 298	0.277 113	16.681 27	6.594 212
5	0.039 119	74.851 41	1.366 158	0.439 355	16.599 27	6.743 814
6	0.039 206	74.610 70	1.368 256	0.544 781	16.745 60	6.730 671
7	0.039 268	74.378 99	1.366 096	0.569 925	16.887 13	6.797 862
8	0.039 287	74.318 62	1.369 871	0.569 737	16.909 97	6.831 798
9	0.039 293	74.319 64	1.370 824	0.571 803	16.905 39	6.832 344
10	0.039 299	74.310 30	1.370 432	0.573 914	16.912 69	6.832 658
11	0.039 302	74.299 92	1.370 603	0.574 263	16.918 94	6.836 278
12	0.039 302	74.297 09	1.370 913	0.574 251	16.919 84	6.837 908
13	0.039 303	74.296 94	1.370 989	0.574 418	16.919 71	6.837 948
14	0.039 303	74.296 48	1.370 976	0.574 536	16.920 04	6.837 972
15	0.039 303	74.296 07	1.370 980	0.574 555	16.920 28	6.838 115

从产业结构高级化（DLNTS）的方差分解中可以看出，产业结构高级化在第 1 期完全由自身贡献，贡献度达 100%，而其他变量对于 DLNTS 的波动影响贡献率均为 0；后逐渐演变至第 15 期前后，DLNTS 对自身方差变异的解释率逐渐减少至 74.296 07%，产业结构合理化对产业结构高级化方差变异的解释率为 1.370 980%，外商直接投资对产业结构高级化方差变异的解释率为 16.920 28%，城镇化对产业结构高级化方差变异的解释率 6.838 115%，老龄化对产业结构高级化方差变异的解释率为 0.574 555%。表明长期而言，产业结构高级化（DLNTS）的变动主要受自身以及外商直接投资（DLNFDI）、城镇化（DLNUR）的影响，其次是其余变量的影响。

PART EIGHT

第八章

人口老龄化背景下
山东省产业结构调整的
对策建议

在山东省的人口转变过程中，人口年龄结构类型由最初的年轻型转变为成年型，并最终过渡为老年型。山东省作为全国第一老年人口大省，老年人口数量居全国首位，老龄化程度日趋严重，势必会对全省产业结构和经济增长产生深远的影响。以下为本研究的主要结论：

1. 山东省老年人口规模庞大，老龄化进程加快。山东省作为全国第一老年大省，其老龄化呈现出老年人口规模庞大、老龄化进程加快、未富先老、城乡差异明显等特征。

2. 第三产业发展迅速，产业结构有待进一步优化。通过研究山东省产业结构发展历程发现，2015年，山东省第三产业产值占比首次超过第二产业，且与第二产业占比的差距逐渐拉大，山东省产业结构由21世纪初的"二、三、一"模式转变为现在的"三、二、一"模式，产业结构不断升级。与此同时，就业结构总体也呈现"三、二、一"格局。但是，山东第一产业的就业份额依然远高于产值份额，而第二、第三产业相较于产值结构，其就业比重偏低。而且，山东第三产业占GDP的比重长期低于全国平均水平，产业转型升级任务艰巨。

3. 人口年龄结构变动会对居民消费结构产生影响。在城镇居民中，少年儿童对家庭设备和文教娱乐的需求最大；劳动年龄人口比重对食品和衣着的影响最大；老年人口比重对医疗保健和交通通信的影响最大。在农村居民中，少年儿童比重对食品和文教娱乐的需求影响明显；劳动年龄人口比重对居住的影响最大；老年人口比重对医疗保健和衣着的影响最大。从人口年龄结构变动的角度，无论对城镇居民还是农村居民，老年人口与医疗保健和交通通信的关联度较大，而对食品和文教娱乐的影响小于其他年龄段人口。

4. 人口老龄化与第三产业关联度较大。基于灰色关联分析发现，山东人口老龄化与第三产业的关联度最大，与第一产业和第二产业的关联度较小。劳动密集型产业大多集中在第一、第二产业，人口老龄化导致劳动力老化，进而阻碍相应产业的生产活动。同时，由于老年人的特殊需求推动了老年医疗保健业、老年旅游业、老年生活服务业等养老服务业的发展。

5. 人口老龄化短期内阻碍山东省产业结构合理化进程。基于 VAR 模型的实证分析发现，人口老龄化的正冲击会引起山东省产业结构合理化的正向波动，增强产业结构偏离度，意味着山东省人口老龄化在短期内会阻碍产业结构合理化进程。

6. 人口老龄化对山东省产业结构高级化产生推动作用。基于 VAR 模型的实证分析发现，人口老龄化的正冲击会引起山东省产业结构高级化先负后正的响应，说明从长期来看，山东省人口老龄化可以通过带动相关第三产业的发展，推动产业结构高级化的实现。

基于上述结论，从劳动力供给总量来看，人口老龄化会造成"人口红利"的消失，进而影响产业结构合理化进程，但另一方面，人口老龄化也会通过劳动力供给质量、储蓄结构和社会需求结构为产业结构转型升级创造新的需求。因此，人口老龄化背景下的产业结构升级，既面临挑战，又存在机遇。

第一节 实行积极生育支持政策，优化人口结构

在人口转变过程中，山东省的人口年龄结构类型发生了明显变化，由全面实行计划生育政策之前的"年轻型"转变为"成年型"，并最终过渡为"老年型"。庞大的老龄人口数量不仅会影响未来劳动力的供给，而且会带来严重的家庭和社会养老负担。计划生育政策的实施，有效缓解了人口对资源环境的压力，促进了经济社会和谐发展。自 2011 年以来，山东省劳动年龄人口和育龄妇女开始减少，老龄化进程不断加快。为促进人口长期均衡发展，全省多次调整完善生育政策，包括取消生育间隔规定、实施"单独二孩"政策和"全面二孩""全面三孩"政策等。受"单独二孩"政策的影响，2014 年出生率提高到 14.23‰。由于 2015 年出生人口的减少和从 2016 年开始实施的"全面二孩"政策的影响，2016 年和 2017 年山东省人口出生率有明显上升，连续两年成为全国唯一一个出生率超过 17‰的生育大省。但是，从 2018 年以来，

"二孩"效应减弱，出生率下滑明显，生育率的下降和老龄化的加深都是当前人口结构变动的重要方面，"少子化""老龄化"将会成为社会常态。未来一段时期，人口老龄化程度的进一步加深，将成为山东省的重要省情。因此，当前人口工作的重点是进一步完善积极生育支持的相关政策，建立健全生育支持配套政策体系。

生育是家庭的大事，也是国家的大事，生育政策是国家公共政策的重要组成部分。按照西方经济学的理性人假设，如果生育可以得到好处，人们就会倾向于选择生育。但是人类的生育行为又会受到经济、社会与文化制度等各种因素的影响，提高生育率不可能一蹴而就，激发人们的生养意愿是一个需要全社会理解并参与的复杂的系统工程。因此，需要融合人口计生、老龄服务、公共卫生等相关部门的合力，加强人口形势和生育支持政策的宣传力度；同时，多方面采取鼓励生育的措施，对生育妇女和家庭给予经济和社会服务等方面的补助和支持，包括完善生育休假机制、发放生育补贴、完善社会保障制度等，以切实减轻生育多孩家庭的成本。及时调整生育政策，有利于延缓人口老龄化速度，实现人口长期均衡发展，促进社会和谐稳定，增强经济发展活力。

一、加大生育支持政策宣传力度，建设新型婚育文化

根据 2021 年 5 月 17 日公布的第七次全国人口普查结果，2020 年我国育龄妇女总和生育率为 1.3，总体上仍处于较低水平。导致我国生育水平下行的原因可能是我国育龄妇女数量减少、生育观念的转变、"二孩"效应减弱、对未来的担忧和不确定性等方面。这也预示着在未来相当长一段时间内，我国的青年人口将不能得到较好的补充，人口老龄化仍将呈加剧趋势。其中，家庭观念变化带来的延迟婚育和不婚不育，应该是我国生育率持续下行的主要影响因素。据统计：我国适龄人口的初婚年龄不断推迟，女性平均初婚年龄在 20 世纪 80 年代时是 22 岁，2020 年上升至 26.3 岁，初育年龄推迟至 27.2

岁；育龄妇女的生育意愿明显走低，2017年和2019年平均打算生育子女数分别为1.76个和1.73个，2021年降低为1.64个，而"90后"和"00后"仅为1.54个和1.48个；女性现有子女数由2019年的1.63个降至2022年的1.19个；同时，女性终身无孩的比率在我国迅速上升，由2015年的6.1%上升至2020年的接近10%的水平。因此，政府亟须加大生育支持政策宣传力度，积极倡导新型婚育文化和观念。

首先，政府部门要增强国情、省情意识，要把生育支持政策摆上重要工作日程，加强统筹协调，确保生育支持政策能够稳妥有序实施。改革开放以来，山东人口发展实现了向低生育水平的转变，逐步走向了低增长的轨道。为适应新时期人口发展的深刻变化，相关政府部门应当进一步强化人口发展的基础作用和战略地位，以促进人口长期均衡发展为主线，以促进人的全面发展为目标，科学调控人口总量，不断优化人口结构，着力提升人口素质，妥善处理人口转型发展中的矛盾和问题，促进人口与经济社会、资源环境等各方面的全面协调可持续发展。

其次，要加强政府和社会协同治理，积极发挥工会、共青团、妇联等群团组织和其他社会组织在促进人口发展、家庭建设、生育支持等方面的重要作用，融合人口计生、老龄服务、公共卫生等部门的合力。

此外，要充分发挥广播电视、报刊、网络等主流媒体和新媒体的作用，加强人口形势和生育支持政策的宣传力度，大力宣传计划生育工作的巨大成就，宣传人口基本国情、省情，宣传新人口形势下坚持计划生育基本国策、调整完善生育政策的重要意义，及时回应社会关切和群众诉求，做好政策解读，为实施生育支持政策营造良好舆论氛围。

最后，要积极推进新型婚育文化的建设。在日本人口结构呈现少子化特征的过程中，女性所受的劳动歧视成为影响女性生育意愿的重要原因，因此，日本应对少子化的政策就特别重视发挥家庭功能。这给我们的启示是：应当倡导科学、文明、进步的婚育观念，在全社会树立积极支持生育的价值观，传承夫妻平等、尊老爱幼、家和万事兴等积极健康的家庭文化，弘扬中华民族传统家庭美德，尊重生育的社会价值，鼓励夫妻共同承担育儿责任，鼓励家庭团聚，构建生育友好的和谐社会环境。

二、完善鼓励生育的各项制度措施，促进人口长期均衡发展

按照经济学的理性人假设，如果生育可以得到好处，人们就会倾向于提高生育意愿。当然，通过其他国家为提高生育率采取的措施和效果来看，提高生育率不可能一蹴而就，日本、新加坡等国从 20 世纪就开始实施鼓励生育的各项措施，但是，其 2020 年的生育水平还分别处于 1.3 和 1.1 的极低水平。因为生育行为虽是个人的选择，但是会受到经济社会发展水平与文化制度等各种因素的影响。因此，在我国生育保障水平还较低的情况下，为鼓励生育，提高生育率，应当融合政府部门、用人单位、社会组织、个人或家庭等多方合力，从产假、经济支持、医疗服务、文化观念转变等多方面入手，完善和落实各项鼓励生育的支持措施，降低生育养育成本，提高生育养育医疗服务水平，着力解决"不愿生"和"想生不敢生"问题，消除生育和养育的后顾之忧，为实现人口长期均衡发展提供有力保障。

1. 完善生育休假制度。完善生育休假政策，保护生育职工的健康权利和合法权益。例如，除国家法定的 98 天产假之外，可以适当增加延长女职工产假及其配偶的陪产假，可增加 3 岁以下婴幼儿父母的育儿假，用人单位也可根据实际情况，通过与有接送子女上下学、照顾生病或居家子女等需求的职工进行协商，采取弹性上下班等工作方式，为其提供工作上的方便，帮助职工平衡工作和家庭关系。对于产假和育儿假期间的用工成本，则需要由政府、用人单位和个人等主体分担。

2. 优化生育津贴政策和待遇保障机制。现代家庭在决定是否生育时，夫妻双方的经济状况和工作压力等通常是需要考虑的重要问题。因此，需要通过优化生育津贴政策和待遇保障机制来降低生育家庭的生育和养育成本。一方面可以通过发放现金补贴的形式给予资金支持，另一方面需要叠加住房、

税收、金融等方面的倾斜政策。例如，完善生育保险制度，除及时、足额支付生育津贴和生育医疗费用外，可以适度扩大生育医保报销范围（如把孕前检查费用纳入报销范围），并提高生育时住院医疗费用的报销标准；落实婴幼儿照料费用的个人所得税专项附加扣除政策；针对经济困难婚育家庭的住房需求，健全与完善公共租赁住房制度，加大公租房建设占比，并提高公租房单套面积，可根据家庭的未成年子女数量，在公租房户型选择方面给予适当照顾等。

3. 提高生育、养育医疗服务水平。一是着力提升优生优育服务水平。加强各地市妇幼保健机构的建设，增加妇幼健康优质医疗资源的供给，强化婚育、生育、孕育等生殖健康服务，规范儿童健康管理服务。二是健全婴幼儿照顾护理服务供给体系。多渠道、多举措大力发展婴幼儿照护服务，增加普惠托育服务的供给，发展多种形式的托育服务，并强化政策支持，加强监管。例如，鼓励和支持有条件的托育服务机构招收 2~3 岁幼儿；公办和普惠性民办托育机构收费实行政府指导价管理；在公共场所和用人单位配置相应的母婴设施。

第二节　促进劳动密集型产业向资本技术密集型产业转移

山东省是人口大省，常住人口总量大，劳动力资源比较丰富。2020 年山东总人口约为 10 165 万，是我国两个人口过亿的省份之一。从 15~64 岁劳动年龄人口占总人口的比重来看，山东省劳动年龄人口比重从 1953 年第一次人口普查时的 57.3%下降到 1964 年第二次人口普查时的 54.6%，从 1965 年开始，劳动年龄人口所占比重开始逐年增加，到 2007 年，劳动年龄人口占比达到 74.8%。充裕的劳动年龄人口保障了劳动力供给，对提高全省生产能力、促进经济增长起到了明显的促进作用。然而，随着计划生育政策的调整和老龄化的加深，从 2008 年开始，劳动年龄人口比重开始呈现下降趋势，表明"人口红利"正逐渐减弱，山东省人口年龄结构逐渐呈现呈"两头增、中间减"的结构趋势特征，少年人口比重开始缓慢上升，劳动年龄人口比重逐年下降，老年人口比重基本呈现逐渐增加的态势。根据 2010 年山东省第六次人口普查数据，全省常住人口中，15~64 岁的人口为 7 128.90 万人，占总人口的 74.4%；到了 2020 年第七次人口普查时，15~64 岁的人口下降为 6 719.07 万人，占总人口的比重降为 66.1%，10 年下降了 8.3 个百分点。

在人口老龄化不断加剧的过程中，未来劳动力供应总量是逐步减少的，劳动力供给紧张从而导致劳动力成本上升，粗放型经济增长方式下的廉价劳动力时代将转入下行区间，传统的劳动密集型产业不再具有竞争优势。现有的劳动密集型企业必须趁此机会，转危为机，提高自主研发水平，增强科技创新能力，大力提升产品附加值，延伸产业链条，建立新型的现代制造业和服务业。因此，山东应不断推进以劳动密集型为主的第一、第二产业向资本技术密集型产业转变，通过创新引领和技术替代实现传统劳动密集型产业的转型升级，进而优化山东省的产业结构和劳动力就业结构，进一步提升经济竞争力。

一、继续以第三产业为主导，鼓励新兴服务业的发展

山东是我国的农业大省、能源大省、工业大省，重化工业曾一直是全省的支柱产业。山东省石化、钢铁、电解铝等传统工业比重大，产业附加值低，制约了经济增长的效率。与之相比，同处经济前列的广东和江苏，工业营收中占比最高的行业均为计算机、通信电子设备制造业。目前，山东入选世界 500 强的企业中，除海尔集团外，其余全是重化工业企业，由此也可以看出，山东重化工业在省内具有较高的市场集中度。

2015 年山东省第三产业实现里程碑式跨越发展，其产值比重首次超过第二产业，且与第二产业占比的差距开始逐渐拉大，山东省产业结构由"二、三、一"模式转变为现在的"三、二、一"模式，产业结构不断升级。随着

山东经济的快速发展，目前省内"三、二、一"的产业结构格局进一步得到巩固，信息、金融、科技服务等现代服务业增势强劲，第三产业已经成为山东经济增长的主引擎，对稳定经济增长和带动就业起着积极作用。但是长期以来，山东省第三产业占GDP的比重低于全国平均水平，以服务业为主的第三产业发展表现相对滞后，对现代农业和制造业高质量发展的支撑作用有待进一步加强，转型升级任务依旧艰巨。

为了削弱人口老龄化对第一、第二产业的不利影响，应加强政策推动，大力发展山东省新兴服务业，如金融业、证券投资业、文化旅游业、社区服务业、教育培训业、信息咨询业、法律服务业等，进而优化山东省的产业结构和劳动力就业结构。随着第三产业的快速发展，产业结构不断优化，这既可以缓解山东省内的结构性失业矛盾，也可以使劳动力供给的利用达到最大化。

政府方面，应加强宏观经济政策推动，大力发展山东省第三产业，加大对现代服务业的投入力度，促进山东省资本技术密集型产业的发展，提高相关行业的科技水平，进而提升现代服务业的经济竞争力。可以考虑对初步尝试的企业实行政策上的倾斜，例如，提供一定的税收优惠或奖励等。除实施宏观调控措施之外，政府部门还应该为省内所有居民普及人口老龄化与劳动力供给的相关知识，让居民了解山东省经济发展、人口形势、就业形势和产业结构等方面的现状，加大相关知识的宣传力度，引导鼓励山东省劳动力向第三产业转移。此外，政府作为监管者，需要进一步放宽服务业市场进入门槛，引入更多的市场主体参与竞争，同时加大省内国有企业的改革力度，探索国有资产的混合所有制企业形式，让更多的社会资本进入到医疗卫生、教育、金融等行业。

二、鼓励企业加大科技研发投入力度，提高科技创新水平

人口老龄化的不断深化削弱了我国劳动力丰富的比较优势，重新思考适

宜于人口老龄化趋势下劳动密集型行业的发展策略十分必要，需要及时转换发展策略，鼓励企业加大科技研发投入力度，提高相关行业的科技创新水平和自主创新能力，促进技术和资金密集型产业的发展，实现产业在价值链上地位的提高。

目前，山东省拥有高等院校153所，在2018—2020年三年间，山东省研究与试验人员人数均在45万人左右，每年研发费用在1600亿元左右，可以说远超全国平均水平。但是，与同样排在全国经济前列的广东和浙江相比，科研人员数量及投入经费仍存在一定差距。目前山东省的研发人员储备及经费投入只有广东或浙江的60%左右，未来还有很大的提升空间。

首先，积极引入外资和先进技术，引导资金流向高技术含量及高附加值行业，引进又不单纯模仿，在消化的基础上进行创新，改变比较优势格局，积极推动这类传统工业由劳动密集型产业向资本技术密集型产业转型。

其次，大力培育创新型企业。一方面，积极培育具有国际影响力的创新型领军企业，另一方面，全力扶持具有科技创新潜力的中小微企业，同时，以科研项目为载体，推动企业与科研院所之间的协同创新，以企业自主创新能力的提升带动产业结构的全面优化升级。

再次，利用高科技技术和人工智能逐步替代部分工作岗位的低成本劳动力，使劳动密集型产业能够释放出更多的劳动力，如逐步实现人工智能对繁重体力劳动、脑力劳动的工作岗位，以及需要在恶劣、危险环境下劳动的工作岗位的替代，这既能在一定程度上节约劳动力，也能有效提高劳动生产效率。

此外，还可以考虑把发展老龄产业核心技术纳入科技创新战略，选择某些街道或者社区建立老龄产业科技创新示范基地，为全省老龄产业的持续发展提供强大的技术支撑。

第三节 从需求侧和供给侧双向促进老龄产业全面发展

人口老龄化已经成为人类社会一项不可回避的世界性课题，老龄化的加剧给老龄服务事业和产业的发展提供了广阔的空间，老龄产业逐渐成为社会各界关注的焦点和热点。我国"老龄产业"的概念是在1997年全国首届老龄产业研讨会上被正式提出的。老龄产业是人口老龄化社会条件所催生的新型综合性重要产业，是应对老龄化的战略选择。首先，开发老龄产业可以很大程度上抵消一部分人口老龄化给经济发展带来的负面影响，为经济发展注入新的活力，转危为机，成为我国宏观经济体系的重要组成部分和未来经济增长的新引擎。其次，发展老龄产业也有利于社会发展，它可以更好地满足老年群体的需求，提升全体公民老年期的生活质量，有利于我国的政治、文化方面的建设和民生的改善。老龄产业是由提供各类老年产品和服务的相关产业所组成的业态，是一个庞大的产业体系，涉及第一、第二、第三产业，其包含的具体产业领域很广，主要包括老龄制造产业、老龄文化产业、老龄健康产业、老龄金融产业、老龄服务产业和老龄宜居产业等。目前，我国的老龄产业还处于起步阶段，未来发展潜力巨大，也必将在我国国民经济中起到举足轻重的作用。

山东省已进入中度老龄化社会，老年人口规模庞大，老年人用品和服务需求巨大，老龄服务事业和产业发展空间广阔。要抓住机遇，兼顾需求侧和供给侧，大力发展老龄产业，丰富老龄产品和服务的供给，不断满足老年人多层次、多样化的需求，把老龄产业打造成为全省的经济新增长点，为新旧动能转换增添活力。因为需求是市场存在的前提，老年群体的市场需求会刺激养老产业的发展。老年人在消费习惯、消费观念等方面与其他年龄段人口有明显差异，所以应该充分利用老年人的消费需求，积极开发"银发市场"，构建山东省老龄产业体系。例如，老年人对食品和服装方面的需求变化较大，而目前市场上老年食品、老年服装品种较少，这就给相关企业和行业的市场发展留下了很大的空间。此外，随着老年人对精神领域的需求更加丰富，为老年休闲旅游和娱乐产业等老龄服务业的发展提供了更多机会。山东省老龄产业供需不平衡明显，应立足本省实际，大力发展诸如老年食品、服装、住宅、保健、社区服务等多种行业，以满足老年人的特殊需求；增加适合老年人的文化娱乐设施，积极建立老年文化娱乐中心。此外，政府部门要加大政策扶持力度，鼓励引导社会多方面力量参与老龄产业的发展和建设；同时，要建立健全相关的法规体系，保护老年人的合法权益，保障"老龄产业"持续健康发展。

此外，由于不同年龄段的居民对各类消费支出的需求不同，人口年龄结构变动会对居民消费支出结构产生影响。自2014年开始，随着计划生育政策的调整和老龄化的加深，山东省人口年龄结构逐渐呈现出"两头增、中间减"的结构趋势特征，少年人口比重开始缓慢上升，劳动年龄人口比重逐年下降，老年人口比重基本呈现逐渐增加的态势。因此，为刺激不同年龄层次居民的消费水平，应合理安排产业布局，调整产业政策，在促进养老产业发展的同时，还要积极发展"婴童产业"。少儿在家庭中的核心地位不容忽视，家庭对于孩子的投入往往不太在意成本，购买意愿强烈。随着"三孩"政策的全面实施，婴幼儿用品的消费需求将不断上升，将对婴幼儿日常用品、玩具、医疗和教育等相关产业产生明显的拉动作用，"婴童产业"依然潜力巨大。政府部门应合理安排产业布局，积极促进婴童产业对经济发展的拉动作用，同时避免重复投资带来的资源浪费。相关企业要注重婴童消费产品的市场营销，开发设计出品类齐全、迎合少年儿童需求的各类产品。

需求侧方面，应在推动老年消费观念转变的基础上，着力完善老年保障制度，提高老年人口的购买力水平和购买欲望，为老龄产业的发展创造良好的外部环境。只有老年人口的基本生活需求得到保障，他们才能有更多个性化的养老服务需求，养老服务产业才能有更好的发展机遇。供给侧方面，要在政府发展老龄事业的基础上，从老龄产业内在发展规律出发，进一步加强政策扶持力度，鼓励社会多方面参与老龄产业的发展和建设，为老龄产业的发展创造良好的投资环境，逐步激发养老服务市场活力，推动老龄产业集群化、智能化发展，带动相关产业转型升级。

一、建立健全多层次的养老保障制度，提高老年人消费能力

需求是市场存在的前提，老年群体的市场需求会刺激养老产业的发展。社会保障体系的不完善会使人们对未来收入与支出的预期不明朗，导致预防性储蓄增加，消费倾向下降，限制老年人的购买力水平和消费欲望，使相当一部分老年人口的现实购买力变成了储蓄，制约着老龄产业的发展。因此，社会保障体系的完善和健全是老龄产业进一步发展的需要。随着山东省人口老龄化的加剧，需要建立覆盖面更广、水平更高的社会保障制度，改善养老、医疗、收入分配、社区服务等服务支持，提高老年人口的购买能力，为老龄产业发展创造良好的外部环境。只有老年人口的基本生活需求得到保障，他们才能有更多个性化的老年用品和养老服务有效需求，老龄产业才能有更好的发展机遇。

（一）建立多元化的养老保障体系，实现"老有所养"

目前山东省大部分老年人主要的养老方式是居家养老，老龄化的加剧使得养老服务需求持续增长，养老负担不断加重，亟须拓宽社区养老和社会养老投资渠道，建立多元化的养老体系迫在眉睫。鼓励民间资本注入，完善养老机构的基础设施建设，积极发展老年公寓、老年护理院等机构养老服务，为老年人提供多元化的养老保障，实现"老有所养"。同时，政府部门应当根据省情，随着经济发展水平不断调整养老金额度，不断扩大养老保障的覆盖面，尤其是需要进一步加快农村养老保障制度的建设，完善城乡一体化的保障体系，缩小城乡间社会保障体系和居民消费的差距，确保再分配公平。此外，调节收入分配，切实提高低收入群体的收入。通过解决居民收入差距过大的问题，增强低收入老年群体的消费能力，提高他们的消费意愿，使城镇

低收入群体和农村居民的消费心理和偏好发生变化,从而整个社会的消费结构自然会得到优化。在调节收入分配的过程中,要充分发挥政府在再分配中的主导作用,综合利用财政、税收、法律、行政和市场手段,缩小收入差距,使城乡老年人口对未来预期乐观,从而敢于消费。

(二)完善医疗保障制度,实现"老有所医"

政府要随着经济发展水平的提高不断完善医疗保障制度,使老年人口对未来预期乐观,从而使老年人的消费潜力得以释放。随着山东省老龄化进程的加快,老年人口越来越多,老年人的医疗保健需求增加明显。根据实证分析的结果,无论是城镇居民还是农村居民,老年人口比重与医疗保健支出的关联度都是较大的。因此,必须加快老年医疗保健事业的发展,健全老年人的医疗保障制度,迎合老年人的医疗保健需求,提高老年人的健康医疗水平,保障每个老年人在生病时都能得到及时的医治,实现"老有所医"。

(三)完善城乡一体化的保障体系,确保再分配公平

在调节收入分配的过程中,要充分发挥政府在再分配中的主导作用,综合利用财政、税收、法律、行政和市场手段,缩小收入差距。此外,山东省由于城乡经济发展不平衡,在城乡二元经济结构下,收入差距较大,城乡间的养老保险水平依然存在较明显的差距,农村居民社保水平相对较低。政府部门应当根据省情,继续扩大养老保障的覆盖面,加快农村养老保障和医疗保险制度的建设,缩小城乡间社会保障体系的差距。通过以上措施不断完善老年保障体系,将更多的养老潜在需求转化为现实需求和购买力,从而带动老龄产业的发展,并引导产业结构向更高层次转型。

(四)建立健全长期护理保险制度

"长期护理保险"一般是以长期处于失能状态的参保人群作为保障对象,重点解决的是重度失能人员的基本生活照料和长期护理服务的保障问题。当被保险人在丧失基本的生活自理能力或年老患病时,可以得到基本生活照料

和长期护理方面的服务或经济补偿。《"健康中国 2030"规划纲要》中曾经明确提出，要促进实现健康老龄化，发展健康产业，以慢性病管理为主的保健、康复项目的开发和推广将成为趋势。此外，国际经验表明，老年人长期照护保险制度的完善对推动老龄产业发展的效果非常明显。因此，老龄保健照护领域是老龄产业未来发展的重点领域。生活自理能力差的老年人或者失能老人是否能够接受长期专业的照料护理，对老年人的健康水平和生活质量影响明显。首先，长期护理保险制度的建立健全可以为失能老年人口提供照料和护理服务方面的保障，让失能老人能够享受到更好的照护，从而安度晚年，并且也可以让千万家庭的老年人口子女能够安心工作，缓解劳动力短缺带来的经济压力。其次，利用"社会互助、风险共担"的模式建立健全长期护理保险制度，还可以缓解政府和社会在照护失能老人方面的压力。此外，在长期护理保险制度建立健全的同时，也会相伴随地创造出更多的就业机会和产业发展机会，在老龄化背景下将会成为最具潜力的"朝阳产业"之一。

（五）引导老年人转变消费观念，促进老年消费升级

一方面，老年人因其传统观念根深蒂固，会影响其消费支出，导致老年人在文教娱乐方面的支出明显偏低。为此，山东省相关部门和企业应该加强宣传，转变老年人的消费观念，刺激老年人消费热情的提高，鼓励老年人增加文教娱乐等精神层面的发展型消费，引导老年人转向更加合理的消费结构模式。

另一方面，随着山东省农村居民收入水平和生活水平的提高，农村居民的消费结构也由生存型逐渐向享受型、发展型转变，但是由于受传统消费观念的影响以及对未来生活不确定性的担忧，农村居民的消费倾向波动较大。当前山东省应抓住农村居民消费观念转变的大好机遇，利用各种途径对农村居民进行消费教育。通过向农村居民传播基本的消费知识、消费法规和消费者权益方面的意识，引导农民形成现代消费理念，促进其消费方式和消费习惯的改变，培育新的消费热点，提升农村居民的消费层次。

二、激发养老服务市场活力，带动老龄产业发展

当前，老龄产业在我国处于起步发展阶段，政府不断加大财政和金融对该行业的支持力度，出台了不少减税降费政策，老龄产业的发展环境不断得到优化。但是，我国与日本等发达国家相比，老龄产业发展并不充分，产业的自我市场调节能力还较为薄弱。首先，我国老龄产品品种相对匮乏，市场有效供给不够充足，产品研发相对滞后，老龄产品科技含量不足，产业链不长不深，相关企业活力和竞争力不强，面向老年人特殊需求的适老化、个性化、科技化、智能化的产品较少，存在养老服务市场供给与老龄化速度和老年人多元需求之间不匹配、不平衡的问题；其次，老年用品质量参差不齐，市场监管体系和质量标准体系亟需健全；此外，专业化、规模化、连锁化、品牌化的养老龙头企业数量少，老龄产业运营模式比较传统单一，与文旅、健康、地产等关联行业的融合度有待提升；而且，由于我国养老服务行业发展还不够成熟，具有投资高、周期长、回收慢、收益少的特点，导致社会资本投资该行业的积极性不高。因此，需要在供给侧方面加快相关政策的落地实施，加强政策扶持力度，鼓励社会多方面参与老龄产业的发展和建设，为老龄产业的发展创造良好的投资和外部环境，深挖老龄产业的潜在市场价值，逐步激发养老服务市场活力，引导老年服务供给侧的企业研究养老服务需求，实现需求和供给的有效对接，带动相关产业转型升级。这不仅需要宏观层面政府相关部门政策的支持，还需要微观层面的老龄产业的具体运作策略。

（一）完善政策支持体系，鼓励老龄产业发展

发展老龄产业首先必须建立完善的产业政策支持体系。目前，政府应当把老龄产业作为拉动内需、推动产业转型升级和经济发展的新动能。政府相关部门在鼓励老龄产业发展、优化产业发展环境方面的责任包括：编制体系化的发展专项规划，出台相关的法律法规，明确相应的分类和重点发展的行业领域；鼓励各地利用资源禀赋优势，发展具有比较优势的特色老龄产业；

统筹利用现有资金渠道，通过税收和低息贷款等优惠政策，给予老龄产业相关企业更多的便利和优惠，支持老龄产业健康发展；同时在强化政策落实和不同部门之间合作的基础上，统筹推进老龄产业发展。

2016年以来，山东省政府共制定养老服务综合性文件6个，省有关部门出台文件40余个，为全省养老服务业的发展创造了良好的政策环境。下一步需要强化相关政策的落地落实，制定老龄文化、老龄金融、老龄服务等领域的细分产业政策和行业标准，推动各类老年用品行业和老年服务行业规范发展，提升传统养老产品和养老服务的质量，满足老年人的生活需求；同时，需要加强养老服务市场监管，严厉打击侵权产品、假冒伪劣产品和坑骗老年人的行为，维护好老年人的消费权益，营造出安全和诚信的消费环境，推动"积极老龄化和健康老龄化"的实现。关于行业规划和法规体系的制定与建设，可以充分吸收和学习发达国家和地区的先进经验，总结国内各地、各行业已经取得的成功经验和深刻教训。在这里，可以借鉴韩国政府支持老龄产业发展的相关规定。韩国政府制定了包括《老年人福利法》《老年长期疗养保险法》《低生育及老龄社会基本规划》等系列法规，保障老年工作有法可依。为推动老龄产业发展，韩国政府提出了"老龄亲和产业"的概念，并大力发展老龄亲和产业，其颁布的《老龄亲和产业振兴法》为韩国老龄产业的体系化发展提供了法律依据和政策保障，其中指定了14个领域的34个项目作为老龄产业的优先、重点领域以及发展的突破口，同时指定老龄产业发展支持机构，每年对老龄产业不同领域的市场发展状况和前景进行分析、预测，对老龄产业政策效果进行评估和反馈。

此外，政府方面还可以通过税收减免、低息贷款、社会保险支持等积极的优惠政策，给予老龄产业相关企业在审批、研发、生产、运营等方面的更多便利和优惠。例如，对于受疫情影响经营出现暂时困难的养老服务机构，可申请阶段性缓缴失业保险单位缴费部分；对于符合建设标准和资质条件的养老服务机构和康养项目，省财政可以考虑按床位等给予相应建设补贴和运营补贴。

（二）调动社会力量参与，激发养老服务市场活力

根据人口老龄化的发展趋势，政府部门应该充分发挥"托底"作用，加强规划引导，完善政策支持。但是，如果政府包揽过多，则会越发力不从心，应当重视并积极引导社会力量广泛参与养老服务，逐步激发养老服务市场活力，扶持培养一批综合化、专业化、品牌化的社区养老服务机构。可根据老年人活动和需求的特点，加大对老年公寓和老年活动中心项目的投入力度，支持提供更多个性化和差别化的养老服务，提升老年人口的获得感和幸福感。同时充分调动社会力量参与养老服务市场建设，综合运用土地、住房、财政、金融、人才等多方面的支持政策，引导各类社会主体参与到养老服务的供给中，扩大有效供给，提升服务质量。无论是住养型的老年服务机构，还是社区居家养老服务机构，都要上下左右贯通形成网络，逐步激发养老服务市场活力和相关产业转型升级，实现养老服务市场的可持续发展。

（三）积极开发针对老年需求特点的产品与服务，优化产业结构

2020年，国家统计局公布了《养老产业统计分类（2020）》，将我国的养老产业划分为养老照护服务、老年医疗卫生服务、养老教育培训和人力资源服务、养老金融服务、老年用品及相关产品制造等12个大类。由此可见，老年用品和服务的范围，已经不再局限于传统观念里面的轮椅、拐杖等，而是拓展到医疗保健、食品、服装等大部分行业和领域。对企业来讲，应该把握人口老龄化这一趋势，找准老年需求，做好产品设计。针对老年需求特征，深入老年公寓、养老院、敬老院、社区等去了解老年人的各项需求，根据老年人群体特殊的心理、身体和行为特点，开发相应产品与服务，促进老龄产业不断发展，从而推动产业结构进一步优化。实证分析表明，老年人对食品和服装方面的需求变化较大，而目前市场上老年食品、老年服装品种较少，因此这就给相关企业和行业的市场发展留下了很大的空间。此外，随着老年人对精神领域的需求更加丰富，但消费水平低于其他年龄段，为老年休闲旅游和娱乐产业等老龄服务业的发展提供了更多机会。山东省老龄产业供需不

平衡明显，应立足本省实际，大力发展诸如老年食品、服装、住宅、保健、金融、社区服务等多种行业，以满足老年人的特殊需求；增加适合老年人的文化娱乐设施，积极建立老年文化娱乐中心。

1. 提高老龄产业供给水平，构建完善的老龄制造产业体系。老龄制造产业是老龄产业的重要组成部分和基础支撑，属于实体经济的范畴，主要从事老年用品的生产、销售、租赁以及相关服务，主要包括老龄食品加工制造、老龄服饰制造、老龄家居家具制造、老龄中西药品及医疗器械设备制造、老龄健康用品制造、老龄电器和智能用品制造、老龄文教娱乐用品制造、老龄丧葬用品制造等。虽然我国老龄制造产业的发展具备一定的基础，产品领域也在逐步扩展，但依然处于起步和培育阶段，产业链不完善，行业标准缺失，行业监管缺位，企业数量及规模都较小，与发达国家差距较大。未来应注重对接和匹配长寿时代人们的新需求，设计多种类、多层次的人性化老龄产品，并充分发挥科技创新在老龄制造产业中的引领带动作用，不断丰富老龄产品品种，提升品质，逐步构建完善的老龄制造产业体系，提高适老产业供给水平，满足老年人日益增长的多样化、多层次消费需求。

2. 丰富养老文化产品及服务，引领养老文化产业发展。老龄文化产业是老龄化背景下面向中老年群体提供精神文化方面的产品和服务的产业体系。老龄文化产业包括老年教育培训、老年旅游、休闲娱乐、设计管理、文化传媒、艺术、体育等产业体系，是为个人全生命周期提供精神文化引领的产品和服务的产业综合体，其消费对象不仅仅是老年群体，还可以有规模庞大的"新新一代"的中老年人群体，未来产业发展空间巨大。

作为我国的第一老年人口大省和文化大省，山东省一直以来非常重视文化养老理念，营造了较好的老龄文化产业发展的政策氛围。在 2013 年时，山东省就出台了《山东省关于进一步加强老年文化建设的实施意见》，明确提出要积极推动老年文化产业发展，提高老年文化产品和服务的供给，把老年题材纳入文学艺术、电影、电视剧、图书等的创作、生产和出版中，同时引导老年网络文化发展。《"十三五"山东省老龄事业发展和养老体系建设规划》提出要从老年教育、老年文化、老年人精神关爱服务等方面丰富老年人的精神文化生活。2017 年在《关于在全省公共文化服务机构建设老年大学艺术分校的通知》中，进一步提出要以扩大老年教育供给为重点，发挥老年大学的示范带动作用。《山东省"十四五"养老服务体系规划》指出，为增强老年人群体的获得感、幸福感和安全感，要充分利用丰富的公共文化资源，健全对老年人的关爱服务体系。在良好的政策氛围中，山东老龄文化产业的发展不断推进，出现了许多老年大学、老年活动中心等。但是，目前老龄文化产业的品牌塑造还比较薄弱，以老年人为主要受众的文化产品和服务依然存在数量不多、良莠不齐的问题。例如，老年旅游产业发展相对成熟，但尚未形成完整的产业链条，缺乏完善的行业服务标准体系，强制购物等不良风气仍需管理。未来应加强政策引导，以老年人需求为导向，丰富针对老年人的优质学习教育资源，加强师资队伍建设；同时推动产业融合，支持旅游养老、文化养老、健康养老等融合发展，形成产业集群和具有影响力的齐鲁特色老年文化品牌。此外，在数字化、智能化时代，还应为老年人提供更多网络文化产品，鼓励老年教育机构开展在线老年教育，帮助老年人提升网络文化素养。

3. 推动老龄健康产业发展，创建全国医养结合示范省。老龄健康产业是覆盖全生命周期的综合性产业体系，它是老龄化条件下为社会公众提供健康支持的相关产品或服务的产业体系。它涵盖老年健康教育、预防保健、医疗卫生、康复护理、安宁疗护等。在大健康时代和人口老龄化快速发展的背景下，老龄健康产业无疑具有巨大的消费市场和发展潜力。为促进老龄健康产业的发展，政府部门出台了一系列重要政策文件，如《关于推进医疗卫生与养老服务相结合的指导意见》《"十四五"健康老龄化规划》《"健康中国 2030"规划纲要》《山东省创建全国医养结合示范省工作方案》《山东省医养健康产业发展规划》等，为老龄健康产业的发展营造了良好的政策环境。为全面实施新旧动能转换，创建全国医养结合示范省，山东应该以大健康产业为支撑，建立"医、药、养、食、游、健"的大健康产业链，着力转变经济发展方式，优化产业结构，推动医疗、养老、养生、旅游等的创新融合发展，努力把医养健康产业培育成为全省重要的新经济增长点，成为老龄化和大健康时代重要的支柱产业，为"健康山东"和新时代社会主义现代化强省建设提供基础和坚实支撑。

4. 加大政策扶持，实现老龄宜居全产业链发展。老龄宜居产业是指在老龄社会背景下，根据全生命周期的客观要求而建设或改造社会硬件体系和社会环境的产业。老龄宜居产业既是面向老年群体特别需要的建设和改造行业，也是满足各年龄阶段人群通用建设和改造需要的行业，通常认为其包括三种业态：适老改造产业、老龄房地产产业和老龄宜居服务产业。《1982年老龄问题维也纳国际行动计划》把住宅和环境作为老年人特殊需求的第二位，提出"国家的住宅政策要提供经费发展和改善老年住宅"为了更好地满足老年群体多层次、多元化的宜居需求，丹麦、瑞典、日本等发达国家都积极采取措施改善老年人的居住环境。2020年7月，我国民政部、国家发展改革委、财政部、国家卫生健康委、全国老龄办等9个部委联合印发了《关于加快实施老年人居家适老化改造工程的指导意见》，为今后老年宜居环境建设提供指导和政策支持。随着老龄化的快速发展，我国不少城市开始推动居家适老化改造，例如：上海、北京和成都等地都是适老化改造比较有特色的城市。老龄化的加剧和经济社会的快速发展，带来了我国老龄宜居产业的快速发展机遇期。但是，我国的老龄宜居产业毕竟刚刚起步，还存在着有效需求不足、相关支持政策欠缺、相关规范和标准不完善等问题，未来需要加强产业顶层的制度设计和支持政策建设，建立并不断完善统计指标体系，加快信息技术的应用，实现老年人从"有房住"到"住得好"的根本转变，推动老龄宜居产业的智能创新和全产业链发展。

5. 优化老龄服务产业内部结构，实现老龄服务产业特色化发展。老龄服务产业是老龄社会条件下服务业的总称，包括生产性服务和生活性服务的各行业，如家政、照护、安宁疗护等。老龄服务产业在老龄产业中支持政策最多，经过近些年的快速发展，其发展速度也是最快的，目前已经形成了以医疗健康、康复护理、文化旅游等为主导的多种产业发展模式。但是，许多地区的老龄服务产业布局模式非常相似，本土化特色不明显，而且市场供给往往集中在满足中高收入老年人的需求上，中低收入老年群体的服务需求不能得到有效满足，老龄服务产业的内部结构仍需进一步调整与优化。

6. 创新养老金融服务体系，开发老龄金融市场。在当前人均预期寿命显著延长的时代，实现创造财富和人们生命周期内各个阶段连续性配置资源，以及家庭和代际间资源配置，这是老龄产业的重中之重。老龄金融产业除了对老年群体提供老年金融产品和老年理财服务外，还要面向年轻群体提供老年期金融准备的相应产品和服务。此外，还包括面向老龄制造产业、老龄文化产业、老龄健康产业、老龄宜居产业和老龄服务等各产业提供相应的金融产品和服务。目前，老龄金融产品品种单一，且产品特色不够明显，对老年金融产品和金融服务需求的深入调查了解不够，在老年人群中认可度较低。许多养老金融理财产品实际上属于大众化的理财产品，并没有专门针对老年人和持有人未来的养老需求进行长期规划，不能真正满足持有者的养老需求。创新养老金融服务体系、开发老龄金融市场，首先要积极倡导养老金融的理念，改变社会对老年金融的片面理解；二是积极创新老龄金融产品，应该在对养老金融服务需求进行深入调查的基础上，专门针对老年人和持有人未来的养老需求进行长期规划和安排，因地制宜地开发并提供不同种类、适应不同群体和需求的金融产品，切实满足老年群体的现实需求和年轻群体的潜在需求。

（四）推动老龄产业链条建设，实现产业集群化发展

老龄产业涉及第一、第二、第三产业，涵盖了国民经济的很多领域，具体产业领域广，内容丰富，产业链长。老年用品的范围已不再局限于我们传统思想里的老花镜、拐杖、轮椅等传统单一产品，而是已经涵盖食品、服装、家居、休闲娱乐、康复保健、地产等大部分行业和领域。而所谓的老龄产业集群主要就是由老龄产业本身和其衍生出来的关联产业构成。例如，其横向

关联产业包括餐饮业、旅游业、医疗保健业、美容美体业、娱乐文化业、体育运动业、教育培训业等；纵向关联产业包括交通运输业、农业、金融业、房地产业等。结合国家产业政策、特色地域优势和资源优势，对老龄产业进行整体布局，打造一批辐射带动力强、竞争力强的老龄产业龙头企业，扶持本土老龄制造产业园区和老龄服务产业品牌集聚区的建设，促进老龄产业集群化发展，并以龙头企业所在区域为中心，辐射、延伸至其他地区，带动、集聚相关产业共同发展，形成产业链条长、覆盖领域广、经济社会效益好的产业集群。

（五）促进老龄产业科技化、智能化发展

智能化是未来社会的发展趋势，是当今世界很多国家制定未来发展战略的重要方向。2016年1月，日本政府发布《第五期科学技术基本计划》首次提出了超智能社会"社会5.0"概念；德国"工业4.0"的本质其实也是智能化；我国的"中国制造2025"战略和"互联网+"行动则是要实现制造业和互联网的融合发展。随着智能化时代的来临，数字化对老年人生活的影响愈发明显。老年人可以通过互联网获取更多的知识和信息，开拓社交网络，丰富自身的精神文化生活，提升精神世界的满足感和成就感。根据《中国互联网络发展状况统计报告》，截至2021年6月，我国50岁及以上网民群体所占比重增加到28%。据统计，我国65~69岁老人使用智能手机的占比超过50%，百岁及以上老人仍有1.3%会使用智能手机。据调查，老年人口一般使用智能手机进行视频聊天、看新闻、看电影等活动。此外，智能穿戴设备在老龄产业的应用也逐渐兴起。因此，智慧养老是未来老龄产业发展的重要方向，科技适老产业发展潜力巨大。

智慧养老借助于现代科技，是面向老年人、社区、养老机构、医疗机构等主体的传感网系统与信息平台，打破了传统养老模式受时间和地理约束的限制，将各服务参与主体联系起来，并在此基础上提供实时、快捷、高效、高质、互联化、智能化的养老服务。"智慧养老"最早是由英国生命信托基金提出，原名为"全智能老年系统"。与发达国家相比，我国的智慧养老起步相对较晚。随着互联网技术的不断发展，自 2010 年以后我国才开始将智能化逐渐应用到养老、助老领域。2012 年，全国老龄办首次提出"智能化养老"的概念和理念。在此之后，科技适老化产品应运而生，"互联网＋养老"的智慧养老模式开始出现。虽然科技适老产品层出不穷，但是依然存在供需错配、专业性不足等问题。针对这些问题，企业和科研机构应加大对适老科技产品的开发和制造力度，在充分考虑老年人群体特殊性的基础上，积极研发适合老年群体使用能力和生活习惯的智能化、人性化的产品，满足老年人对提高生活质量的需求；鼓励企业设立线上线下融合的适老化产品或服务的专柜和体验店，大力推动养老相关产业融合发展；加快网络信息技术发展，支持养老信息平台的建设，让老年群体更好地融入到数字经济中，享受到更专业化、智能化的产品及服务；同时要加强监管，严厉打击侵犯知识产权和制售假冒伪劣商品及服务的行为，维护老年群体的消费权益，促进智慧养老产业健康发展。

第四节 促进人力资本投入以提升劳动生产率

人口老龄化带来了劳动力供给数量的减少，而产业结构升级需要越来越多高素质、高技能的现代产业工人，这就意味着必须重视人力资本在产业转型升级中的作用，提高教育水平和单位劳动力的生产效率，用人口素质的提升来弥补劳动人口数量下降对经济的负面影响；同时，积极挖掘老年人力资源，推动实现第二次人口红利的到来。

从 15~64 岁劳动年龄人口占总人口的比重来看，山东省劳动年龄人口比重从 1953 年第一次人口普查时的 57.3%下降到 1964 年第二次人口普查时的 54.6%，从 1965 年开始，劳动年龄人口所占比重开始逐年增加，到 2007 年，劳动年龄人口占比达到 74.8%。充裕的劳动年龄人口保障了劳动力供给，对提高全省生产能力、促进经济增长起到了明显的促进作用。然而，从 2008 年开始，劳动年龄人口比重开始呈现下降趋势，至 2020 年下降至 66.1%，表明"人口红利"正逐渐减弱。在人口老龄化的同时，由于以钢铁、煤炭、化工、机械等资源型产业为主的产业结构与年轻人的职业向往不匹配，导致山东省近些年 15~64 岁之间的劳动力人口外流现象比较严重。在这些因素的影响下，山东省人口年龄结构逐渐呈现呈"两头增、中间减"的结构趋势特征。

一、加大教育投入，提升人口素质，促进人力资本积累

伴随着老龄化的加剧，劳动力供给数量逐步减少，而产业结构升级需要越来越多高素质、高技能的现代产业工人，因此，必须重视人力资本在产业结构转型升级中的重要作用，加大教育投入，提升教育水平和劳动生产率，用人口素质的提高来弥补劳动人口数量下降对经济的负面影响。

（一）继续加大基础教育和高等教育投入力度，提高劳动者素质

我国是一个人力资源极其丰富而人力资本匮乏的国家，劳动者所拥有的知识、技能还不能跟上知识经济时代产业结构调整的步伐。而教育人力资本的提升，可以很大程度上缓解人口老龄化时代劳动力数量下降的压力。因此，政府应该继续增加对基础教育和高等教育的投入，巩固义务教育的高入学率，实施义务高中教育，提升高等教育入学率，扩大研究生招生率，从而提高整体教育水平，并从整体上提升劳动者素质和技能水平，既可以缓解我国结构性失业的压力，又可以弥补产业结构转型中劳动人口数量下降对经济的负面冲击。

（二）改革教育培养模式，实现高等教育与社会接轨

改革教育模式，提升教育质量，弘扬素质教育理念，根据经济社会发展的需求设置专业，实现专业与就业岗位的匹配。高校要根据经济社会发展的

需要，以社会需求为导向设置专业，进行包括教育体制、专业设置、学科布局、课程内容和教学方式等方面的改革，实现市场化的发展。

（三）强化职业技能培训，提升劳动生产率

针对当前我国劳动力市场中技能型人才严重短缺的局面，强化职业技能培训是治本之策，也是增强弱势群体就业竞争力的有效途径。强化职业培训教育、专业技能教育，坚决扭转我国长期以来形成的职业教育落后的现状，从而提高劳动人口的综合素质和劳动生产率，充分发挥老龄化的倒逼机制，促进人口结构与产业结构转型升级的更好匹配。

二、坚持实施"就业优先"战略，完善就业支持政策

经济发展战略模式的选择对扩大劳动力就业至关重要。经济发展战略有两种不同的思路：一是经济增长优先论，即把经济增长作为首要目标；二是就业优先论，即把扩大劳动力就业作为首要的目标。长期以来，我国的经济增长模式一直属于第一种模式，但是随着计划经济向市场经济的转型以及失业问题的日趋严重，近年来我国政府根据以人为本的科学发展观对国民经济发展战略作出重大调整，提出实行"就业优先"的经济发展战略。

老龄化背景下的"就业优先"战略具有非常重要的意义。首先，老龄化对经济生活产生的首要冲击表现为劳动年龄人口数量和比重的降低，经济发展的劳动力供给不足，人口红利衰减。从2012年开始，我国劳动年龄人口数量和占比均开始下降，2018年末全国就业人员数量也开始下降，维持经济发展所需的劳动供给优势减弱；但与此同时，我国劳动力市场呈现"就业难"与"用工荒"并存的冰火两重天局面，结构性失业依然严重。因此，宏观上，我国就业优先战略和就业支持政策的实施可以保障劳动供给并缓解结构性失业的矛盾。微观上，就业关乎个人财富、尊严、社会地位和价值实现，是最大的民生，是能够有效应对个体老龄化的重要手段。

（一）突破各种体制性障碍，营造良好的就业创业环境，全面提升劳动力参与率

例如在新型城镇化建设中加快推进户籍制度改革，推动各项社会公共服务均等化，提升农业转移人口市民化质量，推动"大众创业、万众创新"向高质量纵深发展，着重提高大学毕业生和农民工的劳动参与率；适时推出延迟退休改革方案，消除劳动力市场的性别和年龄歧视，提供平等的就业机会，提高低龄老年人口和女性群体的劳动参与率。

（二）加强高素质高技能人才队伍建设，实现产业结构、就业结构和教育结构的协调互促发展

在科教强省建设的过程中，加快推进现代职业教育体系建设，推动产教融合、校企合作；完善创新人才工作机制，不拘一格选拔人才；建立和完善高素质技能技术人才的考核评价机制，完善培养体系，培育出知识型、技能型和创新型的劳动者大军。

（三）继续加大力度发展服务业，尤其是现代服务业

从产业结构看，第三产业的发展是扩大就业的主要渠道。在产业结构和就业结构向"三、二、一"模式转化的过程中，一方面继续鼓励旅游、餐饮、商贸流通等创业成本低、劳动力相对密集的传统第三产业的发展；另一方面积极拓展第三产业的新领域，重点支持社区服务、医疗保健、信息咨询、法律服务、金融服务等现代服务业，积极采用非正规就业等灵活就业方式促进再就业。

（四）放手发展民营经济

从所有制结构看，非公有制经济是增加就业的重要途径。政府应完善民营经济发展的推进机制和服务机制，从投资、税收、融资、技术改造等多方面予以扶持，全力激发民间的投资热情，大力引导和鼓励自主创业，形成一人创业、多人就业的乘数效应。

（五）积极扶持中小企业发展

从企业结构看，中小企业是吸纳劳动力就业的主要载体。从近期和长期来看，需要高度重视中小企业的发展，一方面简化创业的注册登记审批手续，降低企业登记的资金门槛，取消不合理的人为障碍，给创办中小企业创造一个宽松的体制和政策环境；另一方面通过金融支持、经营指导等扶持政策解决中小企业融资难等问题，使企业有一个正常的经营环境。

三、开发老年人力资源，推动实现第二次人口红利

2006年美国学者李和梅森提出，在人口年龄结构老化、第一次人口红利由正转负的同时，老年人力资源和人力资本开发可能会带来第二次人口红利，第二次人口红利是由推动第一次人口红利结束的老年人口力量引发，是一次人口质量提升的红利，是一次老年人口红利，其对经济的贡献率往往会远超第一次人口红利。

虽然老年人的体力和精力有所下降，但是他们具有丰富的工作经验和知识技能，仍然可以从事某些适合的工作。调查显示，日本老年人和美国老年人在退休后经常会"退而不休"，继续从事一定类型的工作，如顾问、医疗护理、辅导、销售等。山东省老年人力资源的规模非常庞大，在经济发展和人口转变过程中，充分利用老年人力资源，推动人口红利由数量型转为质量型，有助于劳动力市场的完善和推动山东省经济的可持续发展。因此，可以针对老年劳动力的素质特征，通过开办老年大学、推行退休人口再就业政策等措施发展老年就业市场，引导老年人口再就业，不仅可以丰富老年人的生活，实现其自身的价值，还可以减轻家庭和社会的养老负担。

（一）推动老年教育发展，扩大老年教育资源供给

开发老年人力资源，首先要针对老年劳动力的素质特征积极推动老年教育培训的发展。现阶段不少老年人虽然有重返职场的再就业热情，但是苦于

欠缺相关的职业技能，或其原有的知识、技能已经无法适应新的市场需求，从而可能出现"有心无力"的尴尬局面。一方面，鼓励有条件的高校、职业院校等学校开展老年教育，支持社会力量开办老年大学，扩大老年教育资源的供给。另一方面，不仅要开办老年大学，而且要改革老年大学的形式。现阶段的老年大学课程往往以书法、诗歌、乐器、绘画等娱乐兴趣为主，与职业技能相关的培训少之又少。应该在现有老年大学的基础上，开设针对老年工作者的相关专业和技能的培训课程，同时企业应当设立专门的老年人岗位，并用正确的态度对待老年员工，为老年人提供更多更合适的就业机会。

（二）推行弹性退休制度，充分利用老年人口资源

实施弹性退休制度，推行渐进式延迟退休，有助于人力资本的积累。在强制退休制度下，由于受到退休年龄的约束，中老年劳动力虽然拥有丰富的劳动经验，但是缺乏继续学习新知识、新技能的动力，而企业往往也不愿对他们继续进行培训。如果推行弹性退休政策，允许延迟退休，对于一些身体素质较好的低龄退休职工，仍然可以通过返聘、非正式合同、自我雇佣等方式继续留在劳动力市场。政府应发挥政策引领作用，可以考虑对于雇佣老年人的企业给予一定的激励，激发企业雇佣低龄老年劳动力的积极性。推动老龄就业是积极老龄化的重要组成部分，不仅有利于丰富老年人的生活，让老年人继续发挥余热，将"老有所为"和"老有所养"有机结合，减轻家庭和社会的养老负担，而且可以发挥其老年人力资源的优势，为产业结构升级保留一批有经验的优秀劳动者，弥补老龄化带来的劳动力不足，从而促进地区经济发展，实现老龄化社会下的经济可持续发展。

（三）搭建老年人再就业平台，完善老年劳动力市场

政府可通过搭建老年人再就业平台，建立老年人才信息库，为有劳动意愿的老年人提供职业介绍、技能辅导等方面的服务支持和信息传递，不断培育和完善竞争有序的老年人就业市场。比如，地方政府可以结合当地的产业发展实际情况，充分挖掘老龄人才的潜力，鼓励吸纳老年人再就业。这不仅

有利于帮助低龄老年劳动力实现自我价值、获得社会认同，而且可以帮助应对人口老龄化带来的劳动力短缺问题，从而实现双赢。

第五节　提升外资引领产业转型升级的作用

改革开放以来，山东省凭借较强的区位优势和丰富的劳动力资源，不断吸引外商在省内进行投资，尤其是经济发展水平较高的青岛、烟台、威海等沿海城市，吸收外商投资呈现出投资规模稳定增长和投资结构不断优化的良好趋势。1981年山东省第一家中外合资企业在青岛落户，标志着山东省吸引外商直接投资开始起步。1989年，山东省利用外商直接投资超过一亿美元，自此全省外商直接投资步入快车道；2018年全省新批外商投资企业合同外资285.1亿美元，实际使用外资205.2亿美元；2020年全省新设外商投资企业3 060家，同比增长21.6%，实际使用外资金额176.5亿美元，居全国第四位，增幅在利用外资前六大省市中居首位。目前，山东省外商投资来源地包括韩国、日本、美国、德国、法国等多个国家和地区。据统计，目前山东省第三产业合同利用外资的项目和金额已超过第一、第二产业，这说明近年来山东第三产业的发展速度加快，有较多的外资投向山东省第三产业。

实证分析的结果显示，山东省外商直接投资对实现产业结构合理化和高级化具有一定的推动作用。因此山东省应基于较好的开放发展基础，继续借助沿海这一较强的区位优势，以及自身的自然资源优势，加强政策推动，进一步提升对外开放水平，加大对外商投资的吸引力度，合理引导外资投向，从而更好地促进产业转型升级。

首先，在引进外资时需要加强对基础设施的建设，优化和提升省内的投资环境，并注重提升外商投资服务水平，加大对外资的吸引力度，鼓励和促进外资进驻本省，以继续增加外资流入量；其次，要提升外资引领产业转型升级的作用，引导外商直接投资与产业结构转型升级保持一致，继续推动外商直接投资企业技术改造和转型升级,引导更多的外资流入到省内先进的制造业和具有高附加值的第三产业中去,合理引导外资更好地促进产业转型和服务山东经济;同时可以引导外资进入老年市场,不仅可以给老龄产业的发展提供资本供给,同时也会带来比较先进的老年产业发展经验,加快山东省老龄产业发展速度,推动产业结构转型升级;此外,在学习和吸收外资企业管理经验、科学技术等优势的同时,更要注重提升内资企业的竞争力,并加强外资企业和本土企业的合作,提升山东省产业结构的整体水平。

第六节 做好新型城镇化建设与产业结构升级的联动发展

我国的人口老龄化是工业化、城镇化、信息化、农业现代化进程中的老龄化,老龄社会的到来与城镇化相伴而生。改革开放以来,我国经济快速发展,城镇化进程不断加快,城镇化率由 1978 年的 17.9%提升至 2020 年的 63.89%。这对于扩大内需、提升人民群众的物质文化水平、缩小城乡差距、促进我国经济和社会的发展具有不可替代的作用。2020 年年底,山东省常住人口城镇化率为 63.05%,比 2015 年提高 6 个百分点,但略低于全国 63.89%的平均水平,究其原因,可能是由于山东是我国的农业大省,第一产业的发展在一定程度上会降低农村务农人口向城镇流动的意愿。

实证分析显示,城镇化水平的提高在促进山东省产业结构合理化和高级化的实现方面有着一定的积极作用。尤其是以人为本的新型城镇化建设,更是统筹城乡发展、推动产业结构升级的重要引擎。新型城镇化是对过去传统城镇化发展模式的扬弃,不再追求城镇人口和城镇空间在数量规模上的增加,而是在产业支撑、社会保障、生活方式等方面实现质量内涵的提升。新型城镇化以人口迁出机制、城乡共享机制、人口迁入机制等体制机制为动力,不仅推动了以社会保障、医疗卫生、就业、教育、住房等为主要内容的城镇公共服务的发展,也推动了以商品零售、餐饮、旅游等为主要内容的城镇消费型服务业以及以金融、保险、仓储物流等为主要内容的生产型服务业的发展，从而有力地引导和促进了我国的产业升级和结构转型。

在新型城镇化建设过程中，首先要坚持以人为主的新型城镇化建设，深化现有户籍制度以及相关的人事制度和社会保障制度的改革，打破二元劳动力市场分割，建立全国统一的劳动力市场体系，使劳动力可以在各个市场之间自由流动，使农业转移人口在医疗、教育、文化等方面逐渐融入城市生活，推动各项社会服务均等化。对于农业转移人口来说，户籍制度及相关公共服务领域的改革将降低他们进入城市的就业和生活成本，进而促进其消费观念和消费方式的转变，既有利于缩小城乡收入差距，优化城乡二元经济结构，促进区域经济协调发展，还能促进劳动力的自由流动，让劳动力流向更高效的产业，为新兴产业发展提供劳动力供给，激发微观主体的活力，从而促进产业结构升级。此外，降低农业转移人口的教育、医疗、住房等方面的生活成本，可以增强其风险抵御能力，从而提升生育意愿和生育率，有利于积极应对少子化和老龄化问题。

其次，在推进新型城镇化建设的过程中，要将城镇化建设指标内化于产业结构的优化升级中，统筹城镇化、农业现代化、工业化、信息化的协调融合发展。要立足当地城镇建设的实际，以产业发展作为支撑，有效利用区位和资源优势进行城镇发展规划，依托新型城镇化建设不断倒逼产业结构调整，培育支柱产业，发展特色优势产业，在各产业协同发展过程中提升城镇化质量，从而优化城镇化与产业发展格局，促进二者互相强化，最终实现产业结构升级和新型城镇化的更好匹配。

此外，对于乡村而言，农村一、二、三产业的融合也可以为新型城镇化的推进提供产业基础。通过完善农村的基础设施和人居环境，充分利用农村、农业资源，实现特色农业、旅游、康养等产业的融合发展，建立特色鲜明、业态多元的乡村产业模式，不仅有利于吸引有意愿的城镇人口回流，推动乡村振兴，而且可以为新型城镇化的推进提供产业支撑，实现经济与人口的长期协调可持续发展。

参考文献

[1] MODIGLIANIF, BRUMBERGR. Utility Analysis and The Consumption Function: An interpretation of The Cross-Section Data[M]// KENNETH K K. Post-Keynesian Economics. New Brunswick, NJ: Rutgers University Press, 1954.

[2] LEFF N H. Dependency Rates and Savings Rates [J]. American Economic Review, 1969, 59(5): 886-896.

[3] ERLANDSEN S, NYMOEN R.Consumptionand Population Age Structure, [J]. Journal of Population Economics, 2008, 21(3): 505-520.

[4] MASON A. Population and the Asian Economic Miracle: Asia-PacificPopulation Policy [D]. Honolulu, Hawaii: East-West Center, 1997.

[5] BLOOM DE, WILLIAMSON JG. Demographic Transitions and Economic Miracles in Emerging Asia[J].The World Bank Economic Review, 1998, 12(3): 419-455.

[6] CLARK C.The conditions of Economic Progress[M]. London: Macmillan, 1940.

[7] KUZNETS S. Quantitative Aspects of the Economic Growth of Nations: Ⅱ. IndustrialDistribution of Product and Labor Force,Economic Development and Cultural Change[J]. 1957, 5(7): 1-111.

[8] CHENERYHB. The Structural Approach to Development Policy[J]. American Economic Review, 1975, 65(2): 310-316.

[9] LEWIS WA. Economic Development with Unlimited Supply of Labour[J]. 1954, 22(2): 139-191.

[10] BORSCH-SUPAN A, LUDWIG A, WINTER J. Aging, Pension Reform, and Capital Flows: A Multi-country Simulation Model[J]. Sonder Forschungs Bereigh, 2001(1): 1-26.

[11] NUGENTJB. The Effect of Population Aging on Economic Structure[R]. Conference Paper at the PEO Structure in September in Osaka Japan, 2006.

[12] THIESSENU. Aging and Structural Change[J]. Discussion Papers of Diw Berlin, 2007, 17(2): 27- 32.

[13] LEE R, MASON A. Some macroeconomic aspects of global population aging[J]. Demography, 2010, 47 Suppl(1): 151-172.

[14] YENILMEZ MI. Economic and social consequences of population aging the dilemmas and opportunities in the twenty-first century[J]. Applied Research in Quality of Life, 2015, 10(4): 735-752.

[15] SILIVERSTOVS B, KHOLODILIN KA, ULRICH, et al. DoesAging Influence Structural Change? Evidence from Panel Data [J]. Economic System, 2011(35).

[16] KUZNETS S. Toward a theory of economic growth, with Reflections on the economic growth of modern nations [M].New York：Norton, 1968.

[17] STONE H.Family Obligation: Issues for the 1990's Generations[M].2008.

[18] 王德文，蔡昉，张学辉. 人口转变的储蓄效应和增长效应——论中国增长可持续性的人口因素[J]. 人口研究，2004(5)：2-11.

[19] 胡鞍钢，刘生龙，马振国. 人口老龄化、人口增长与经济增长——来自中国省际面板数据的实证证据[J]. 人口研究，2012，36(3)：14-26.

[20] 王金营，付秀彬. 考虑人口年龄结构变动的中国消费函数计量分析[J]. 人口研究，2006(1)：29-36.

[21] 蒋云赟. 我国人口结构变动对国民储蓄的影响的代际分析[J]. 经济科学，2009(1)：30-38.

[22] 李军. 人口老龄化条件下的经济平衡增长路径[J]. 数量经济技术经济研究，2006(8)：11-21.

[23] 莫龙. 1980—2050年中国人口老龄化与经济发展协调性定量研究[J]. 经济学动态，2009，33(3)：10-19.

[24] 于学军. 人口变动、扩大内需与经济增长[J]. 经济学动态，2009，33(5)：36-41.

[25] 郑妍妍,李磊,刘斌."少子化""老龄化"对我国城镇家庭消费与产出的影响[J]. 人口与经济, 2013（6）: 19-29.

[26] 鲁志国. 简论人口老龄化对我国产业结构调整的影响[J]. 深圳大学学报, 2001（2）: 45-51.

[27] 蔡昉,王美艳. 中国人力资本现状管窥——人口红利消失后如何开发增长新源泉[J]. 人民论坛·学术前沿, 2012（4）: 56-65.

[28] 童玉芬. 人口老龄化过程中我国劳动力供给变化特点及面临的挑战[J]. 人口研究, 2014, 38（2）: 52-60.

[29] 任栋,李新运. 劳动力年龄结构与产业转型升级——基于省际面板数据的检验[J]. 人口与经济, 2014（5）: 95-103.

[30] 陈卫民,施美程. 发达国家人口老龄化过程中的产业结构转变[J]. 南开学报, 2013（6）: 32-41.

[31] 张斌,李军. 人口老龄化对产业结构影响效应的数理分析[J]. 老龄科学研究, 2013, 1（6）: 3-13.

[32] 汪伟,刘玉飞,彭冬冬. 人口老龄化的产业结构升级效应研究[J]. 中国工业经济, 2015（11）: 47-61.

[33] 王屿,梁平,刘肇军. 人口老龄化对我国产业结构升级的影响效应分析[J]. 华东经济管理, 2018, 32（10）: 99-106.

[34] 贾晓华,王鹤春. 东北地区人口老龄化对产业结构调整的影响分析[J]. 时代经贸, 2021（4）: 80-82.

[35] 张杰,何晔. 人口老龄化削弱了中国制造业低成本优势吗?[J]. 南京大学学报, 2014（3）: 24-36.

[36] 楚永生,于贞,王云云. 人口老龄化"倒逼"产业结构升级的动态效应——基于中国30个省级制造业面板数据的空间计量分析[J]. 产经评论, 2017, 8（6）: 22-33.

[37] 陈颐,叶文振. 台湾人口老龄化与产业结构演变的动态关系研究[J]. 人口学刊, 2013（3）: 63-72.

[38] 聂高辉，黄明清. 人口老龄化对产业结构升级的动态效应与区域差异——基于省际动态面板数据模型的实证分析[J]. 科学决策，2015（11）：1-17.

[39] 卓乘风，邓峰. 创新要素流动与区域创新绩效——空间视角下政府调节作用的非线性检验[J]. 科学与科学技术管理，2017，38（7）：15-26.

[40] 金英君. 人口老龄化背景下我国人口结构特征对产业结构优化升级的影响研究[J]. 科学决策，2018（11）：1-17.

[41] 赵春燕. 人口老龄化对区域产业结构升级的影响——基于面板门槛回归模型的研究[J]. 人口研究，2018，42（5）：78-89.

[42] 刘成坤. 人口老龄化对产业结构升级的影响研究[D]. 厦门：华侨大学，2019.

[43] 曾瑶. 人口老龄化对产业结构升级的作用机理及区域差异研究[J]. 上海大学学报，2022，39（3）：128-140.

[44] 蔡昉. 人口转变、人口红利与经济增长可持续性——兼论充分就业如何促进经济增长[J]. 人口研究，2004（2）：2-9.

[45] 赵春燕，宋晓莹. 人口老龄化对产业结构升级的双边效应[J]. 西北人口，2021，42（3）：38-51.

[46] 苏东水. 产业经济学[M]. 北京：高等教育出版社，2005.

[47] 陈岱云，陈希. 人口年龄结构变动及其效应问题研究——基于山东省人口普查的资料[J]. 山东社会科学，2020（11）：103-110.

[48] 干春晖，郑若谷，余典范. 中国产业结构变迁对经济增长和波动的影响[J]. 经济研究，2011（5）：4-16.

[49] 高铁梅. 计量经济分析方法与建模——Eviews应用及实例[M]. 2005.

[50] 蔡兴，李琪，张洁. 人口老龄化对产业结构的影响——基于细分行业就业结构的实证研究[J]. 区域金融研究，2020（12）：77-85.

[51] 刘双宇. 人口老龄化与产业结构升级关系研究——基于省际面板数据分析[J]. 现代商贸工业，2020（4）：16-17.

[52] 陈杰. 人口老龄化、产业结构调整与经济增长——基于江苏的实证分析[J]. 华东经济管理, 2020（2）: 18-23.

[53] 刘肖, 金浩. 产业协同集聚与城镇化耦合的经济增长效应[J]. 西北人口, 2021, 42（5）: 16-29.

[54] 钟若愚. 人口老龄化影响产业结构调整的传导机制研究: 综述及借鉴[J]. 中国人口科学, 2005（1）: 169-174.

[55] 杨光辉. 中国人口老龄化与产业结构调整的统计研究[D]. 厦门: 厦门大学, 2006.

[56] 杨晓奇. 基于人口老龄化视角下的产业结构调整[J]. 老龄科学研究, 2013, 1（5）: 30-36.

[57] 韩锵. 人口老龄化对山西省产业结构影响研究[D]. 太原: 山西财经大学, 2017.

[58] 刘耘沁. 内蒙古人口老龄化对产业结构的影响研究[D]. 呼和浩特: 内蒙古大学, 2017.

[59] 肖鹏. 人口老龄化对制造业产业结构升级的影响[D]. 蚌埠: 安徽财经大学, 2017.

[60] 孙婷婷. 安徽省人口老龄化对产业结构的影响研究[D]. 蚌埠: 安徽财经大学, 2019.

[61] 毛慧. 人口老龄化对河南产业结构的影响研究[D]. 北京: 北京林业大学, 2013.

[62] 阳立高, 龚世豪, 韩峰. 劳动力供给变化对制造业结构优化的影响研究[J]. 财经研究, 2017, 43（2）: 122-134.

[63] 吴飞飞, 唐宝庆. 人口老龄化对中国服务业发展的影响研究[J]. 中国人口科学, 2018（2）: 103-116.

[64] 霍夫曼. 工业化的阶段和类型: 对经济历史过程的数量分析[M]. 北京: 中国人民大学出版社, 1997.

[65] 郑明亮. 山东省产业结构调整与人口就业关系的互动分析[M]. 北京: 人

民出版社，2015.

[66] 李佳. 人口老龄化与老龄社会 100 问[M]. 北京：中国财富出版社有限公司，2021.

[67] 何芹. 新型城镇化若干问题研究[M]. 北京：中国水利水电出版社，2018.

[68] 赵玉林，汪芳. 产业经济学原理及案例[M]. 北京：中国人民大学出版社，2020.

[69] 李仲生. 人口经济学[M]. 北京：清华大学出版社，2013.

[70] 高志刚. 产业经济学[M]. 北京：中国人民大学出版社，2016.

[71] 高洪深. 区域经济学[M]. 北京：中国人民大学出版社，2014.

[72] 谢周亮. 产业结构升级与就业结构优化协调发展研究[M]. 北京：中国经济出版社，2020.

[73] 邓聚龙. 灰理论基础[M]. 武汉：华中科技大学出版社，2002.

[74] 周福全，韩亚男. 高质量发展下的产业结构与产业协同研究[M]. 北京：企业管理出版社，2022.

[75] 姚东旻，宁静，韦诗言. 老龄化如何影响科技创新[J]. 世界经济，2017，40（4）：105-128.

[76] 蔡海亚，徐盈之. 贸易开放是否影响了中国产业结构升级？[J]. 数量经济技术经济研究，2017，34（10）：3-22.

[77] 李春生. 城镇化对产业结构升级的作用机制与实证分析[J]. 经济问题探索，2018（1）：47-54.

[78] 阳立高，龚世豪等. 人力资本、技术进步与制造业结构升级[J]. 中国软科学，2018（1）：138-148.

[79] 梁树广，吕晓，张延辉. 人口结构与产业结构转型升级耦合演进的时空特征——基于中国时间序列与 31 个省份面板数据的灰色关联分析[J]. 经济体制改革，2019（2）：54-61.

[80] 中共山东省委政策研究室. 锐意进取谱华章——建国 65 年来山东经济社会发展情况综述[J]. 山东经济战略研究，2014（10）：6-13.

[81] 陈建宝，李坤明. 收入分配、人口结构与消费结构：理论与实证研究[J]. 上海经济研究，2013（4）：74-87.

[82] 赵慧. 人口老龄化对产业结构调整的影响研究——基于山东省的实证分析[J]. 商展经济，2021（19）：117-120.

[83] 赵慧，白丽苹. 山东省人口老龄化对消费结构影响的实证分析[J]. 现代商业，2015（30）：58-60.

[84] 赵慧，王长发. 转型期我国劳动力市场的结构性失衡及对策研究[J]. 中国集体经济，2013（33）：7-8.

[85] 赵慧，刘德鑫，张家来. 经济增长与扩大劳动力就业的相关问题分析[J]. 当代财经，2007（6）：10-13.

[86] 赵慧，魏静. 我国农村居民旅游消费需求的现状及对策分析[J]. 昆明大学学报，2007（2）：51-54.

[87] 白丽苹，赵慧. 劳动力市场分割与泰安市经济可持续发展研究[J]. 现代商业，2014（36）：123-124.

[88] 王长发，赵慧. 大学生就业难的原因与对策分析[J]. 岱宗学刊，2007（3）：93-94.

[89] 陈燕武. 消费经济学——基于经济计量学视角[M]. 北京：社会科学文献出版社，2008.

[90] 伊志宏. 消费经济学[M]. 北京：中国人民大学出版社，2012.

附 录

基于供求视角的泰安市社区居家养老服务体系构建研究

第一节 绪 论

一、问题提出及研究意义

改革开放以来，我国的人口年龄结构发生了巨大的变化，主要表现为人口自然增长率持续下降和人口老龄化日趋加剧。从 1982 年到 2000 年第五次人口普查，我国 65 岁及以上老年人口数量从 4 991 万人增加到 8 821 万人，老年系数提高到 7%，增加了 2.1 个百分点，从 2000 年开始我国正式步入老龄化社会。进入 21 世纪以来，我国老年人口数量增长迅速，人口的老龄化趋势日益凸显，并远超世界平均水平。

山东省是我国的人口大省，也是老年人口唯一超过 2 000 万的省份，人口老龄化呈现出老年人口基数大、老龄化进程快、程度高、城乡和地区不平衡等特点，且伴随高龄化、失能化和空巢化的特征。为此，山东省各级党委、政府高度重视养老服务工作，着力加强制度建设，加大经费投入，推动养老服务设施建设，使全省养老服务业发展水平不断提升。目前，全省建有养老机构 2 437 家，养老床位 40.7 万张，其中护理型床位占 62%，有 25.3 万张；现有社区日间照料中心 3 693 处、农村幸福院 11 972 家、助老食堂 5 696 处；智慧养老、康复保健等服务供给越发完善，老龄产业已在山东省内基本形成。但依然存在着供需匹配不完善、供给结构不合理、市场活力不足、监管体系不健全等方面的问题。为进一步推动全省养老事业、养老产业高质量发展，需要继续加强行业监管，整合各方资源，激发市场活力，提供有效供给。

泰安市作为山东省中部的历史文化名城，人口老龄化、高龄化以及空巢化的形势也是越发严峻，目前已迈入中度老龄化社会。根据《2021 年泰安市卫生健康事业发展统计公报》披露的数据，全市总人口数为 547.22 万人，60 岁及以上老年人口达 120.7 万人，约占总人口的 22.1%，全市 65 岁及以上老年人口数达到 85.5 万人，占总人口的 15.6%，80 岁及以上高龄老年人口数量达12.73万人，100岁及以上老年人口数量为444人。

伴随着人口老龄化进程的加快，老年人的养老问题日益凸显。目前，社会上主要存在三种基本的养老方式，分别是家庭养老、机构养老和社区居家养老。其中，家庭养老是我国较为传统和主流的养老模式，也是最为老年人所接受的养老方式。然而，从计划生育政策实行以来，我国的家庭结构日益小型化，子女的养老负担越来越重，这种传统的养老方式也开始受到严峻的考验。而机构养老由于成本较高、缺乏家庭温暖、社会隔离等原因无法得到老年人的青睐。因此，"社区居家养老"模式应运而生。社区居家养老是指老年人居住在自己的家庭中安度晚年生活，同时以社区为平台、享受社区提供的专业化服务，是一种以上门服务和社区日托为主要形式，以日常生活照料、医疗护理服务和精神慰藉等为内容的养老服务新模式。社区居家养老作为对传统家庭养老模式的补充与发展，其不仅成本较低，而且社会效益高，是发展社区服务、建立养老服务体系的一项重要内容。但与此同时，社区居家养老服务也面临着土地和资金等资源限制、服务项目单一、服务队伍素质和质量有待提升等难题。

本项研究在对泰安市部分地区社区养老服务需求和供给现状进行调查研究的基础上，从需求和供给"双重缺口"的角度揭示社区居家养老服务供需失衡的问题及原因，并在借鉴发达国家先进实践经验的基础上，提出政策建议。这不仅能够为政府制定养老政策、规范社区养老服务体系提供理论指导和科学依据，而且对于促进泰安市养老服务业的发展、完善社会保障体系、缓解人口老龄化带来的养老难题，都具有十分重要的现实意义。同时，也可以为其他地区社区居家养老服务体系建设提供借鉴和参考。

二、研究方法及数据来源

（一）研究方法

1. 文献研究法。通过搜集国内外社区居家养老服务问题的研究文献、政府文件及相关研究资料，进行归类研读，加以分析，为进一步的研究创造条件。

2. 规范研究与实证研究相结合的方法。通过实地调研和专家访谈等方式，调查评估泰安市社区居家养老服务的供需现状。在前期实证分析的基础上，提出了构建城市社区居家养老服务体系的对策建议。

3. 比较研究法。对美国、英国、日本等主要发达国家社区居家养老的发展实践进行比较分析，总结其经验教训，借鉴其合理成分。

（二）数据来源

本项研究的数据来源主要有：

1. 中外文献资料。针对社区居家养老服务体系的建设问题查阅了大量的国内外研究文献、政府文件和相关研究资料。

2. 实地调研、访谈所获信息。

3. 统计资料。泰安市人民政府门户网站、泰安市统计局、泰安市人力资源和社会保障局等相关网站的统计资料。

三、研究路径

本项研究的技术路线如图：

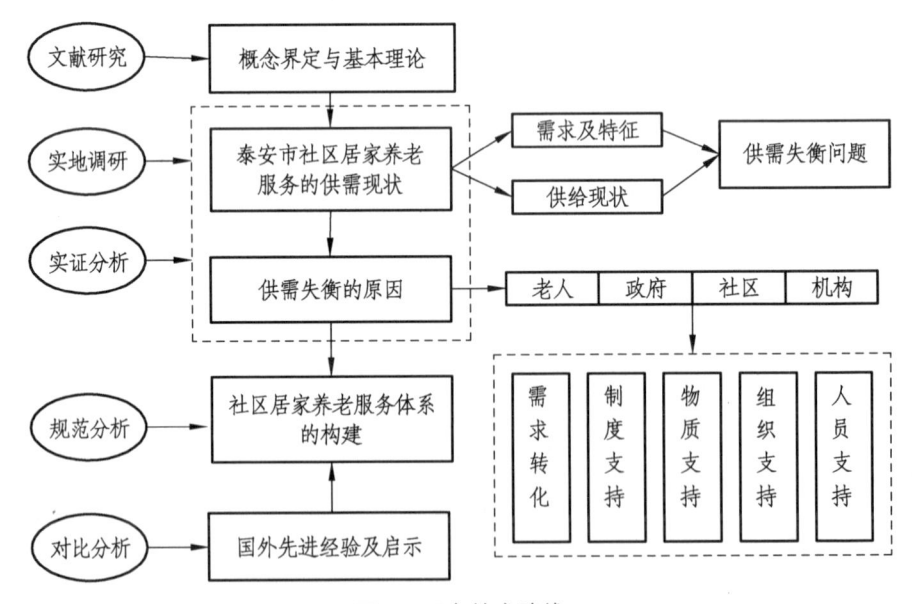

图 1　研究技术路线

四、主要观点及创新之处

由于我国存在"未富先老""未备先老"的难题，再加之家庭结构小型化、人口流动性大等因素的影响，使得社区居家养老成为当前解决我国老龄化问题的重要且可行的选择。但与此同时，我国社区居家养老服务的发展存在着明显的供需结构性失衡问题，亟须从制度支持、物质支持、组织支持和人员支持等方面积极推进社区养老服务体系的构建。

本项研究的创新之处在于：其一，研究视角上，从需求和供给"双重缺口"的角度揭示城市社区居家养老服务供需失衡的问题及原因，并提出政策建议；其二，研究范围上，选取山东省泰安市作为调研区域。

第二节 社区居家养老服务的基本概念与相关理论

一、社区居家养老服务的含义

（一）家庭养老的含义

家庭养老是我国最为传统的养老模式，也是过去在我国使用最广泛的养老方式。所谓家庭养老，指的是老年人居住在家里，其家庭成员为其提供养老所需的各种资源。这种养老方式是一种代际转移，父母抚养子女，子女就赡养父母，也是下一代对上一代予以反馈的一种模式。

（二）机构养老的含义

机构养老是指由专门的服务机构为老年人提供院舍式、住宿式养老服务（包括日常生活护理、健康管理、文体娱乐活动等）的养老模式。机构养老可以为老年人提供各项专业化服务，是一种市场化的养老服务形式。养老机构的分类有多种标准。一种分类方式是根据养老机构营运资金来源的不同，可以将我国养老机构分成福利性养老机构、非营利性养老机构和营利性养老机构。如果根据养老机构的功能，又可分为供养型养老机构、养护型养老机构和医护型养老机构三大类。养老机构按形式分类，则包括政府投资的福利院、养老院、敬老院、托老所以及民办的老年公寓、老年村、老年护理院、临终关怀医院等。无论哪一种形式的养老机构，其目的都是能让老年人有个更好的养老环境。

(三) 社区居家养老的含义

社区居家养老是老年人依照传统生活习惯，选择居住在家庭中安度晚年生活，同时，以社区为依托，由家庭成员、社区的养老机构或相关组织共同为居家老年人提供服务的养老方式。这种养老方式既能让老年人在熟悉的环境中维持自己的生活，保留了传统在家庭中养老的形式，又能让老年人接受社区的各项专业化服务，充分利用个人、家庭、社区和社会的力量与资源解决养老问题。目前，这种顺应老龄化客观要求的养老模式越来越受到老年人和社会的欢迎。

(四) 社区居家养老服务的含义

社区居家养老服务，是以家庭为核心、以社区为依托、以政府为主导，通过在社区内建立一个社会化服务体系，为居家老年人提供日常生活照顾、医疗护理和精神慰藉等方面的服务。目前，主要有两种形式：一种是由专业服务人员上门为老年人提供养老服务；另一种是通过在社区内设立老年人日间服务中心，为老人提供日托服务。

二、社区居家养老服务的理论基础

(一) 福利多元主义理论

福利多元主义理论强调，社会福利来源要尽可能多元化，从而减轻单纯依靠政府单独供给福利的财政负担。英国早期的福利多元主义学者罗斯认为，整个社会福利应该来自三个方面，即政府、市场和家庭，养老福利应主要依靠三者协同供给，并非依靠任何单一的供给主体，只有这样才能提供完善有效的养老服务和功能，即所谓"福利供给三角"。偶尔森的"三分法"认为社会福利应由国家、市场和非营利组织来提供；而混合福利理论则认为还应加上社区养老的福利供给方式，从而将福利理论拓展为福利多元主义理论。福利多元主义理论为政府转变职能方式提供了可靠理论支持。该理论主张减少政府在养老福利供给中的直接供给比例，将政府养老功能和权力下放，促使政府在养老福利供给方面的角色发生转变，成为养老福利的规则制定者、产品购买者和法律仲裁者，从而加速政府由传统的粗放化管理向精细化管理的转型。因此，福利多元主义理论打开了养老服务的供给端，使养老服务更趋向服务内容多元化、筹资方式多样化、产品结构功能化，从而在全社会形成养老爱老助老的通力合作，共同承担起养老服务事业。

（二）社会嵌入理论

社会嵌入理论认为，个人不是孤立的，而是嵌入在特定的社会结构中，借助社会关系网络获得信息、情感、服务等社会资源，并获得社会支持。人的一生是不断社会化的过程，老年人也不例外，成功的社区居家养老服务可以为老年人继续社会化提供一个很好的平台。具体地说，老年人的社会化主要是指其一系列社会角色的转换：由劳动者向供养者角色的转变，容易导致其产生经济危机感；由决策者向平民角色的转变，容易导致其产生孤寂感和失落感；从工具性角色向情感角色的转变（工具性角色主要是老年人之前在社会上担任的公职等社会角色，情感角色指的是满足身心情感的角色，如家中父母的角色等）；父母角色向祖父母角色的转变等。社区居家养老能使老年人更好地适应角色转换，它可以为老年人的继续社会化提供一个很好的平台。

（三）马斯洛需求层次理论

美国心理学家亚伯拉罕·马斯洛在1943年首次提出了需求层次理论，从生理、安全、情感或社交、尊重和自我实现五个层次研究人类的需求。该理论认为,当较低层次的需求在某种程度上得到满足时,人就会开始追求更高层次的需求,而当高层次的需求被满足后,低层次的需求依然存在,各个层次的需求是相互依存和重叠的。作为一个特殊的社会群体,老年人的需求也呈现出个性化、多样化的特征。因此,在设定社区养老服务内容时,应该结合老年人的不同需求,设计不同层次的养老服务项目,不仅要做到老年人老有所养、老有所医,还要实现老年人老有所为、老有所乐,从而不断满足老年人各个层次的需求。

第三节 泰安市社区居家养老服务的供需现状

一、社区居家养老服务的需求现状

(一)数据来源与样本基本情况

本项研究针对泰安市两个市辖区泰山区和岱岳区的220位60周岁及以上的老年人实施了问卷调查,共获得有效问卷212份,问卷的有效回收率为96.4%。被调查者的基本情况分布表1。

表1 被调查者基本情况汇总表

	类别	频数/个	百分比/%
性别	男	101	47.6
	女	111	52.4
年龄	60~64岁	68	32.1
	65~69岁	54	25.5
	70~74岁	53	25.0
	75~79岁	25	11.8
	80岁以上	12	5.7

续表

	类别	频数/个	百分比/%
文化程度	基本不识字或很少识字	18	8.5
	小学	39	18.4
	初中	71	33.5
	高中或中专	59	27.8
	大专及以上	25	11.8
健康状况	健康	72	34.0
	较好	85	40.1
	一般	43	20.3
	较差	12	5.7
个人月收入	500 元以下	13	6.1
	500~1 000 元	27	12.7
	1 000~2 000 元	51	24.1
	2 000~3 000 元	37	17.5
	3 000~5 000 元	45	21.2
	5 000 元以上	39	18.4

被调查者的性别分布情况：被调查者中男性 101 人，占 47.6%，女性 111 人，占 52.4%，基本符合老年性别比例实际。

被调查者的年龄分布情况：最小年龄为 60 岁，最大为 96 岁，平均年龄为 67 岁。按年龄分为 5 组，被调查者在 60~64 岁的占 31.0%，65~69 岁占 24.5%，70~74 岁的占 25.0%。其他年龄组的人数较少。

被调查者的文化程度：主要集中在小学至高中之间。其中，基本不识字或很少识字的占 8.5%，小学文化程度的占 18.4%，初中文化程度的占 33.5%，高中文化程度的占 27.8%，大专及以上文化程度的占 11.8%。

被调查者的健康状况：有 34% 的老年人自我评价身体健康，40.1% 的老年人认为较好，一般的有 20.3%，而较差的有 5.7%。

被调查者的收入状况：绝大部分被调查者的收入来源都是退休金（社会养老保险金），月收入在 500 元以下的占 1.9%，500~1 000 元的占 8.5%，1 000~2 000 元的占 27.4%，月收入 2 000~3 000 元的占 17.0%，3 000~5 000 元的占 24.5%，5 000 元以上的占 20.8%。

（二）养老服务方式的需求情况

调查结果显示（见表 2），大多数老年人选择家庭养老，占到被调查者的 81.1%，6.6% 的老人选择了通过机构养老的方式安度晚年，13.2% 的老人选择社区居家养老。

表 2　被调查者对养老方式的诉求

	频数/个	百分比/%
家庭养老	172	81.1
机构养老	12	5.7
社区居家养老	28	13.2
合计	212	100.0

可见，家庭是老人的归属，是生活的空间，更是他们与家人共同生活的地方，可以在情感上给予老人支持，心灵上给予老人慰藉，让他们享受亲情、享受天伦之乐。其实，选择家庭养老也同时为推广社区居家养老服务奠定了客观基础。

此外，调查分析还显示（见表 3），目前居家老人对社区居家养老政策还不是十分了解。

表 3　对社区居家养老的认知

	频数/个	百分比/%
了解	61	28.8
不了解	151	71.2
合计	212	100.0

当被问及对养老院、老年公寓等养老机构的印象时，有34%的老年人表示印象较好，46.7%的老年人表示一般，还有19.3%的老年人表示印象较差。由此可见，老年公寓等养老机构只给少数老年人留下了较好的印象。同时也有部分老年人提出等自己生活无法自理时可以考虑入住。

样本老人中不愿意选择机构养老的原因（见表4），44.3%的人认为费用过高，55.2%的老人及其子女都认为，如果有子女的老人去住养老院，别人会认为子女不孝顺，只有无儿无女的老人才会去住养老院，还有30.7%的人认为是养老机构的服务不好，另外还有10.8%的老年人选择的是子女建议。

表4 不选择机构养老的原因

	频数/个	百分比/%
费用过高	87	41.0
传统家庭观念	117	55.2
服务质量不好	65	30.7
子女建议	23	10.8
其他	11	5.2

由此可见，老人们之所以不愿意去养老院养老，主要有以下原因：一是经济因素，目前养老机构的花费可能超过了某些老年人所能承受的范围；二是有一些养老机构的服务不够好；三是由于受传统观念的影响，不少老年人及其子女认为，只有无儿无女的老年人才适合去养老院住，如果有儿女的老人去住养老院，会让别人以为儿女不孝顺。还有的老年人喜欢在自己熟悉的环境里散步或者活动，担心养老院封闭的环境会使自己丧失生活乐趣。

（三）养老服务内容的需求情况

一般认为，社区养老服务包含三个主要方面：日常照料、医疗服务和精神慰藉。本研究将养老服务项目设定为12项（见表5），其中上门做家务、日常购物、代做饭菜、日托站或托老所是关于日常生活照料的；上门看病、陪同看病、康复治疗、定期体检是医疗保健和康复护理相关的服务；聊天解闷、老年服务热线、娱乐体育活动、法律援助属于精神文化方面的服务。如果被调查者回答需要该项养老服务，则认为有该项服务的需求；回答社区有该项养老服务，则认为存在该项服务的供给；利用率指的是回答使用过该项服务的老年人所占比例。

表5 各项居家养老服务的需求和利用情况

服务项目	需求/%	供给/%	利用率/%
上门做家务	19.3	7.1	0.9
日常购物	9.4	4.2	0.5
代做饭菜	17.9	15.7	4.8
日托站或托老所	9.9	14.6	2.8
上门看病	22.6	3.3	0.9
陪同看病	13.7	2.8	0.5
康复治疗	29.7	7.5	3.8
定期体检	75.0	49.1	41.0
聊天解闷	11.3	7.0	1.4
老年服务热线	13.2	13.7	2.8
娱乐体育活动	51.4	65.0	34.0
法律援助	12.7	7.1	0.5

注：由于供给是回答所在社区内有该项养老服务的老年人所占比例，但可能存在社区提供该项服务而老年人不知道的情况。因此，这里的供给可能存在对实际供给数据的低估。然而，基于不能使人知道的养老服务提供不形成真正供给的考虑，这样设定的供给概念是有意义的。

可以看出，老年人对养老服务的总体需求较高，但对不同服务项目需求的差别还是比较大。从服务分项来看，定期体检的需求最高，其次是娱乐体育活动、康复治疗、代做饭菜、上门看病，而对帮助日常购物、陪同看病、聊天解闷和法律援助的需求则相对较低。其中某些服务的供给比例较高，说明当前居家养老服务已经得到一定程度的发展。

尽管老年人对各项养老服务都有不同程度的一定需求，但这些服务的利用率却很低。除了使用过定期体检和文体活动服务的老年人比例相对较高以外，其他居家养老服务的利用率均不足5%。究其原因，可能是当前社区提供的养老服务供给与老年人的需求不相适应。因此，有必要对社区养老服务需求的影响因素进行分析，从而提供有针对性的服务。首先，衰老和疾病等因素的存在导致老年人的养老服务需求大多与其特殊身体特征相关。其次，家庭是养老服务的一个重要供给方，因此家庭因素也是影响养老服务需求的重要因素。此外，社会经济地位以及文化等因素也会影响老年人养老服务的市场需求。

二、社区居家养老服务的供给现状

（一）社区养老服务设施的供给现状

目前，泰安市已经在市、县、街道（乡镇）、村（社区）四级逐步建设功能互补、各具特色的养老服务设施。2016年，泰山区在山东省率先建成了后七里、花园、元宝三家省级示范性社区居家养老服务中心，由湖南康乐年华养老服务产业集团运营。截至目前，泰安市6个县（市、区）全部规划建设了县级社会福利中心，共有养老机构114处；设立社区养老服务站292处、农村幸福院1008处、社区老年"幸福食堂"152处，为老年人提供日间生活照料、用餐等服务；全市共有养老服务专业组织25家。2021年年底，泰安市智慧养老管理服务平台启用，标志着"互联网+"的智慧养老模式在本市开启。目前，全市已经初步建立以居家为基础、社区为依托、机构为补充、医养结合的多层次养老服务体系。

尽管泰安市在社区养老服务基础设施的建设和发展上投入了不少的人力和物力，基本的硬件基础设施得到了明显的保障，同时也取得了一定成绩。但是从老年人强烈的普遍需求来看，大多数社区老年人日间照料中心的设施还是比较陈旧，服务场地较小，服务质量不高，没有专门人员去管理和运作活动中心，有的甚至形同虚设，因此没有发挥明显作用。而且大多数社区的文化娱乐活动主要是给老年人提供活动场所，有组织的文化娱乐活动由于受到资金和时间的限制而极其贫乏，不具有广泛性和普遍性，无法做到使每一位老年人都参与其中。

X 社区老年人日间照料中心的工作人员说："虽然我们这个日间照料中心建了七八年了，也有 20 多张床位，但是因为资金短缺，各类设施不齐全，所以平时来的老人非常少，偶尔有老人在大厅里打牌，但是没有老年人在这里住过。"

X 社区居家养老服务中心的管理人员说："我们这里有 20 张床位，但是因为房间里没有卫生间，生活不太方便，再加上这两年疫情的影响，所以基本没有老年人常住。"

（二）社区养老服务内容的供给现状

社区居家养老需要社区向老年人提供日常照料、医疗保健、精神文化等方面的服务，使老年人能够居住在家庭中安度晚年生活。同时，有自理能力的老年人也可以利用文体活动中心、心理咨询室等社区资源享受老年生活。

目前，泰安不少社区养老服务中心开办了"幸福食堂"，为老年人提供助餐服务，解决了不少老年人及其家庭的困难。但是，根据调查，老年人对于医疗保健和文体活动服务的需求更加迫切。健康状况是老年人生活中需要倍加关注的问题，医疗卫生成为许多老年人最感困难的问题之一。医疗服务人员的配备和设施建设应该是社区养老服务中的第一步。然而，社区医疗服务的实施和开展需要专业的技能和培训，比起日间照料，其发展相对缓慢。由于开展社区医疗服务的难度较大，所以精神慰藉服务发展得都比医疗服务要好。因此，医疗服务是当前社区养老服务的一个缺口。

X 社区居家养老服务中心的管理人员说："在我们这里登记的老年人有 300 多人，我们可以给老人提供代做饭菜、聊天解闷、老年服务热线等服务。我们社区现在有'幸福食堂'，可以为 80 岁以上老人提供免费饭菜，其他年龄段老人也可以通过支付一定费用享受助餐服务。中心也有棋牌室、书画室、曲艺活动室等文体活动室。但是对于医疗保健服务，主要是进行常规体检项目，居家养老服务提出的上门看病服务、康复治疗等活动基本没有开展。"

而且，社区提供养老服务的重点对象是无人赡养、生活困难的"三无"老人。虽然某些经济和身体状况较差的老年人获得了免费服务，但对于同样有需求的困难程度较轻或是经济和身体状况较好的老年人，其获取的服务就容易出现供不应求的问题。

在对 X 老人的访谈中，她说道："社区主要给困难老人提供各类免费服务，我当然也有类似需求，但从没有享受过，而且我知道有的困难老人也没有享受过，我觉得不太公平。"

（三）社区养老服务队伍的现状与不足

目前，泰安市正逐步建立健全养老护理员培训制度。市级已经确定了 9 家机构为市级养老护理员职业技能培训基地，分别是：泰安市养老服务指导中心、泰安市泰山医养中心、山东第一医科大学（泰安校区）、泰山护理职业学院、泰安市泰山大姐家政服务职业培训学校、泰安市颐博职业培训学校等。虽然近几年泰安市养老护理员培训基地在不断增加，养老护理员队伍也在不断发展壮大，但在服务质量方面却缺乏健全的评估机制，使得不同社区、不同服务中心的养老服务质量差别较大。

经调查，目前在社区工作的人员专业性较差，社工出身的更是匮乏。这说明政府和社会还没有对社区工作有明确的界定，也没有对工作的专业性有一定的承认。很多人认为，社区服务工作是一种没有技术性的简单工作。其实，社会的不断发展变化、社会问题的日益复杂、老年人需求的多元化要求社区工作人员必须掌握一定的专业知识和技能。然而，目前我市社区老年医护人员的教育程度普遍偏低，对于护理知识的掌握也只停留在基础上，学过社工和老年学等专业知识的人员少之又少。并且在各类社区养老服务机构中，工作人员人数较少，大多数学历水平偏低。

在发展社区工作的同时，应该通过邻里互助、社会认助等活动大力发展敬老助老的社区志愿者服务队伍。然而，经过调查，我们发现民间机构、社区志愿服务团体以及老人的家庭、亲属等社区支援网络非常匮乏。

X社区居家养老服务中心的管理人员说："我们中心共有5名工作人员，2名管理人员，3名护工。护工每月工资在2 000~3 000元，工资水平较低，流动性较大。"

X社区老年人日间照料中心的工作人员说："这里平时就我一个工作人员，没有专业的社工和医护人员。无法给老年人提供专业性、针对性服务，专业技术力量比较薄弱。"

（四）社区养老服务运行机制的现状

民政和老龄委员会是开展养老服务的两个重要部门，如果它们之间的责任不明确，并且相互推卸责任，那么在很多方面都会出现问题。目前，民政部门与老龄委应加强沟通，明确权力和责任，避免形成政策的中空地带，这样才能顺利地开展养老服务工作。

社区可以联络多方面的资源，整合正式和非正式机构的资源，还可以借助志愿者组织与老人的家庭、邻里、亲属等各方面的支援力量，使老年人在社区中受到照顾。然而，经过调查，我们发现泰安市的社区养老服务运行机制比较单一，运行机制的主体还是政府的各种正式机构，基本上都是由政府出资，民间机构、社区志愿服务团体以及老年人的家庭、亲属等社区支援网络非常匮乏，没有形成体系。

三、供需差异分析

通过对泰安市当前社区居家养老情况的现状调研，可以发现当前提供的养老服务与需求不相适应，某些服务的供给超过需求，但某些老年人迫切需要的服务却得不到满足，造成这些供需缺口的原因是多方面的。

(一) 政策回应性差，宣传力度不够

调查分析显示，居家老年人对社区居家养老政策还不是十分熟悉，尽管社区相关机构提供了很多的养老服务，相关人员也认为他们在宣传上花了一定的工夫，但是实际效果并不明显。很多老人不知道社区到底能提供哪些服务，这在很大程度上也限制了老人使用养老服务的范围和程度。究其原因，一方面与老年人的需求或记忆有一定关系，另一方面，应该与社区的宣传方法和力度密切相关。此外，大部分老年人受传统观念影响明显，认为养老主要靠儿女。因此，老年人在遇到养老服务问题时大都会选择传统的家庭养老方式。

(二) 社区居家养老服务供给种类和层次较低

当前在泰安市各社区开展的居家养老服务工作中，单纯提供娱乐体育场所硬件设施的工作基本满足了老年人的需求，在更具体和软性的服务面，如医疗护理、家政服务、法律援助等方面，与老年人的实际需求仍有巨大鸿沟。居家所享受到的养老服务，绝大部分都是由稍经培训后即上岗的居家养老服务人员提供，服务质量得不到保证，很多专业的服务项目往往都是由家庭照料或街道居委会等非专业机构提供。这应该与以下事实密切相关：目前泰安市大部分社区在养老服务工作中没有完全放开引入市场竞争机制，同时服务资金匮乏。

尤其是在医疗服务方面，虽然很多社区目前已经将其视作重点事项，并为老年人开展了许多医疗服务项目，如体检、专项检查、医院名医进社区的服务活动等，但长期性和稳定性不够，而且社区体检大部分也只是量血压等简单项目，老年人在这方面服务的需求仍无法得到一个长期较高水平的满足。

(三) 社区居家养老服务供给主体单一

民政部门和老龄委员会是开展养老服务的两个重要部门。然而，投入不足、优惠政策落实不到位等种种问题使得民政部门无法充分整合其他部门的资源。虽然目前泰安市有一些非营利性组织参与养老服务供给，但由于没有形成普遍意义上的政策，激励效果不够明显，大多数社区仍存在非营利组织缺位现象。

同时，志愿者队伍的发展也不是很好。目前，志愿者群体主要由学生、普通党员、社区成员和低龄老人等组成，专业性和稳定性难以有效保证。政府依然是当前养老服务的绝对供给方，非营利组织和志愿者团体的参与程度较低。

（四）养老服务资金来源渠道有待拓宽

如果服务机构得到的资金充足，所提供服务的内容和质量就相对好，享受服务的老人的幸福指数就相对高些；如果缺少资金，所提供服务的项目和质量就差些，接受服务的老人的满意度就低些。目前，民政部门用于社区居家养老的经费，其筹集的渠道主要来自于福利彩票的福利金，而这部分收入却不够稳定。随着养老规模的日益扩大，资金来源不稳定的问题越发凸显，这对于养老服务工作的开展具有极为不利的影响。此外，政府对符合一定条件的老年人给予补贴，但限制条件比较严格，补贴标准较低，导致很多老年人难以使用高质量有偿性的居家养老服务。

（五）缺乏服务质量监督和定期评估工作

居家养老服务的有效开展离不开相关政府部门的监管，服务质量监督是牵涉到居家养老服务工作能否正常运转的核心问题，同时也是社区服务机构普遍存在的薄弱环节。这就使得当前大部分的居家养老服务工作停留在表面工程上，很多日间照料中心形同虚设。如果社区能时时刻刻监督养老服务运行的状态，并且经常性地及时倾听群众的呼声，随时评估社区的需求和供应情况，并随时加以改进，现有的服务资源就不会被浪费。

第四节 发达国家社区居家养老服务体系建设经验及启示

一、发达国家社区居家养老服务模式

（一）英国的社区居家养老服务

英国的社区照顾是 20 世纪 50 年代被提出来的，到 20 世纪 70 年代，社区照顾在英国已经得到普遍发展。英国的社区照顾包括两种形式：社区内照顾和由社区照顾。居民既可以享受由政府、社区和企业提供的专业化养老服务，也可以享受社区内居民自发提供的非正式服务。其宗旨是充分发挥家人、邻居、朋友和志愿者等非正式照顾资源的积极性，再由专业人员的正规照顾作为补充，通过多样化服务方案达到老年人社区照顾的目的。

英国社区照顾的实现形式较多，主要有：一是由地方政府出资建立的社区服务中心，派出政府雇员免费为老年人、残疾人、儿童提供服务；第二，社区老年公寓，针对社区中生活可以自我照料但缺少人陪伴的老年人；第三是家庭照顾，即由政府给予适当补助，让家属照顾老人，这样可以使老年人留在家庭和社区中；第四，临时托老处，当老年人因突发事件发生而在一段时间内得不到照顾的情况下，临时托老处可以在适当的时候为这些老人提供短暂的服务；第五，上门服务，主要是针对没有生活自理能力且居住在家里的老人，社区服务人员为这些老人提供上门送餐、家政维修、医疗护理等全面服务；第六，是以集中收留照料独居老人为主的社区老人院。

英国的社区照顾大多数以国家福利的形式提供，其主要经费来源是政府财政，大多服务设施都是政府出资，社区、家庭和个人承担得不多；而且，社区养老服务的定价会经过政府的论证和批准，一般都是以免费或较低价格

提供给老人；对于选择接受家庭照顾的老人，政府还会发放津贴，从而为家庭照顾老人提供了一定的经济保障。

（二）美国的社区居家养老服务

20世纪40年代美国就进入了老龄化社会，美国的养老服务体系经过80余年的发展，已经积累了非常丰富的经验。

美国的社区具有强大的助老功能，普遍建有老年人保健中心和活动中心等设施。具体的形式有：①退休之家，设施非常完备，包括医务室、图书室、健身房等；②托老中心，白天在中心活动，晚上回家休息，属于"日托制"，中心的设施也很完备，老人不用再为一日三餐操心，同时还可以聊天、阅读、打牌、健身等；③互助养老，让老年人结伴互助养老；④提供如家庭保健护士的上门服务，费用主要由美国财政支付。

（三）日本的社区居家养老服务

日本也是较早步入老龄化社会并拥有较成熟养老产业的国家，但是它没有像西方国家一样把养老问题从家庭中剥离出去，反而强调家庭在养老中的作用。日本政府根据国情特点和老年人的需求，制定了一系列相关法律和政策措施。1982年制定出台的《老人保健法》将老年医疗和保健相对分割，强调老年人居家养老，居家护理。以1989年制定的《高龄者保健福利推进十年战略》（即"黄金计划"）为契机，各种老人活动室、老年公寓开始出现。1994年"黄金计划"被重新修订，扩大了家庭服务员队伍，新设各种日间服务中心，完善了以"居家养老"为中心的老年服务体系。1997年出台《护理保险法》，2000年创立护理保险制度，重点解决了对老年人的护理问题，这对日本老人的养老方式产生了较大影响，社区养老服务体系进一步得到完善。

由于日本政府鼓励民间的福利机构参与养老工作，所以日本的社区养老服务组织体系比较多元化。在日本，有多种组织参与提供养老服务，一类是官方机构，一类是包括民间组织、志愿者组织等的非营利组织。同时，在日本，对从事社区老年服务工作的人员专业性要求较高，推出了资格证书制度，推动了老年服务行业的专业化发展。

二、经验启示

第一，是政府的大力支持和引导作用。英国的社区照顾实践证明，政府在发展规划、运行机制、政策扶持方面发挥了主导性作用，如英国政府通过制定一系列法律和政策措施来支持社区照顾的发展，通过政府建立的基层组织来实施养老服务，而且大多数设施也是政府出资。政府加大对社会养老设施和服务的资金支持，在很大程度上缓解了老年人本身和社会支持的经济压力，从而增强了社会养老服务的普及程度。

第二，是拥有较完善的法律体系。纵观发达国家的社区居家养老体系的建设历程，可以发现其每一步发展和完善都离不开相关法律法规的支持和保障。比较有代表性的像是英国和日本，它们在社区居家养老服务方面，都有比较完善的相关法律，可以在法律层面保证居家养老服务事业的规范化发展。

第三，是养老服务组织体系的多元化。政府在社会管理中不能也不可能是唯一的主体。因此，构建社区居家养老服务体系，一方面要注重发挥政府的主导作用，在政策法规的制定和实施、基础服务设施的建设和提供、资金投入等多个方面，发挥应有的主要作用；另一方面又要注重发挥其他社会资源的作用，引导企业、非营利组织以及志愿者等社会力量参与到社区居家养老服务体系中来，发挥它们各自的特点和优势，弥补政府管理的缺陷。比如日本政府鼓励民间的福利机构参与养老工作，形成了官方机构、非营利组织、志愿者、企业共同开展为老服务的多元组织体系。

第四，是拥有较成熟的社区建设。例如美国的"自然形成退休社区"，生活在NORC社区内的老年人能够很便利地享受到其所需要的各种养老服务。

第五，加大服务人才专业化建设力度。专业化是养老服务业的一张护身符，专业化的服务人员可以给老年人提供健康保障，它是养老服务高效率、高质量供给的关键。如日本，由政府出资培训家庭护理员，推出了资格证书制度，推动了老年服务行业的专业化发展。

第六，在服务内容方面，发达国家依据老年人的不同需求提供了多样化的服务项目。服务内容涉及生活照料、医疗保健、精神慰藉等各个方面，尤其重视精神层面的服务，通过专业化的人才队伍为老年人提供情感慰藉、法律援助等项目。同时，不断创新服务内容与形式，提倡群体间互助，促进老年人交往，提升老年人的能动性，实现老年人的再社会化。

第五节　推进泰安市社区居家养老服务体系建设的建议

一、多渠道宣传，扩展受众人群

社会应加大对社区居家养老的宣传力度，从而让更多的人了解社区居家养老，认识到社区居家养老是顺应老龄化趋势、解决当前我国养老问题的必然选择。可以通过多渠道的舆论宣传，加之用低价或无偿的方式给老年人试用养老服务，让老年人逐渐体会到社区居家养老的重要性和实用性。

一是要加强舆论宣传，广泛开展敬老、爱老、助老教育工作，以弘扬中华民族的传统美德。

二是借助各种新闻媒体，对社区居家养老服务进行宣传和报道，从而使社会各界，尤其是老年人自身对社区居家养老有充分的认识，从而为社区居家养老工作的开展营造良好的氛围。

三是加强对居家老人的宣传教育。可通过在社区工作中口头诠释、讲座等形式，向人们宣传居家养老服务工作，让大家熟悉居家养老服务各个项目的性质和内容，逐步改变老年人传统的生活观念，增进他们对社区居家养老的认同感和信任感,消除顾虑和偏见,促进更多的老年人主动接受社区居家养老服务。同时,还要鼓励年轻人给自己的父母多做思想工作,支持他们积极广泛地参与到各项养老服务项目中来。

二、以政府为主导,加强部门协调

养老服务作为一个准公共产品或服务,其实质上是一项社会公共事务,需要由政府来进行正确的引导,政府在其中的作用不可忽视。要形成以政府为主导的,社会、家庭和个人共同参与的城市社区居家养老体系。其中,由政府主导就是要有效发挥政府的宏观管理作用,充分调动社会上的各种力量和资源,不仅可以形成社区居家养老服务所必需的组织制度保障,还可以形成社区居家养老服务所必需的各种物质基础条件,为城市社区居家养老服务的顺利推进奠定必要的基础保障。

首先,各级政府要充分发挥其"牵头"的职能作用,把社区居家养老工作列入政府民生工程的重要议事日程。

其次,应加强政府部门间的沟通协调。在推进社区居家养老服务的过程中,亟须政府相关职能部门加强沟通协作,如需要民政、卫生、文化、体育等部门共同负责规划、协调和出台相关社区居家养老服务政策。

最后,对社区居家养老服务机构的发展给予大力扶持。政府可以通过政策支持、资金引导等方式,对满足各个层次养老服务需求的社会化社区居家养老服务机构建设给予大力扶持。

另外,可进行区域带动示范,将不同社区不同发展水平的服务机构进行联合,通过交流活动来促进各自的发展,达到相互提高、相互补充的目的。

三、强化政策制定,提供制度保障

政府应出台相应的政策文件,进一步提升社区居家养老的地位,为社区居家养老服务的发展提供制度保障。

一是充分发挥政府财政资金的导向作用。社区居家养老基础设施建设离不开资金的支持，而这些基础设施具有初始投资大、资本回收慢的特点，并且具有公共物品属性，因此，政府的投入必不可少。而且由于老年人的收入状况不一样，对不同的老年群体，应加大资金的投入力度，不能忽视低收入群体的养老服务，加大政府购买和补贴力度。同时，可利用政府财政资金撬动社会资金，拓宽资金筹集渠道，通过制定一些优惠政策，创造宽松环境，吸引社会资本参与养老事业建设发展，实现投入机制的多元化、社会化和长效化。

二是加强对社区居家养老各项服务的管理。从政府方面看，一是要加强对社区居家养老服务机构的严格准入，并加强对其的日常管理和监督；二是为促进社区居家养老志愿服务的规范化，需要加强对志愿者队伍的组织管理。同时，还要加大对社区居家养老服务专项资金的监督管理，提高资金使用效率。从社区居家养老服务机构的层面看，要建立健全机构内部养老服务规章制度，明确养老服务标准和服务人员的工作职责，实现规范服务和优质服务。

三是建立和完善社区居家养老服务质量监督评估机制。服务质量监督是当前社区服务机构普遍存在的一个薄弱环节，又是牵涉到社区居家养老服务工作能否正常开展的核心问题。社区居家养老服务质量的监督评估工作，可以由政府相关部门组织开展，并在此基础上淘汰不达标的居家养老服务机构；还可以通过建立健全第三方评价机制，以促进养老服务质量评估的专业化、职业化发展。

四是建立社区居家养老服务质量投诉处理机制。社区日间照料机构等服务组织应建立服务质量投诉处理机制，定期或者不定期地对参与并接受服务的老人通过电话或入户等方式进行回访，如果遭遇服务质量问题，可以进行投诉，并敦促监督改正。投诉机制的建立健全可以使社区居家养老服务纠纷处理有章可循、有法可依，切实维护社区居家养老服务参与人员的权益，进一步推动社区居家养老服务质量的提升。

四、优化内容设计，实现供需匹配

结合泰安市经济社会发展状况和社会需求，因地制宜，整合各类资源，不断创新和完善社区居家养老服务供给内容，大力发展各种类型的养老服务和产品，推行"互联网+养老"模式和产品，满足广大老年人多层次、多样化的养老服务需求。

一是社区居家养老服务菜单的制定要依据老人的特殊需求。要以老年人的需求为导向，根据老年人的生理、心理与健康需求，总结老年人养老服务需求的个性化、多元化特点，注重人性化的细节设计来设置相应的养老服务项目，在满足老年人基本生活照料服务的基础上，还需要不断拓展文化娱乐、体育健身、医疗保健、休闲旅游、法律维权等适合老年人特点的服务。尤其是医疗服务人员和设施建设应当是社区养老服务首先要推进的一步。要最大限度地发挥政府和社会各界的力量，努力创造条件改善医疗环境，改善设施和队伍，组建医疗服务小队，对老年人免费进行医疗检查和疾病预防培训，从而使医疗保健服务发挥出最大的作用。

二是社区居家养老服务内容和水平要体现出层次性、选择性和互助性。要以老年人的养老需求为中心，综合考虑其基本养老需求、精神需求和价值提升等方面的需求，定期做好老年人对社区居家养老服务项目需求的调查，及时调整服务项目和内容，保证养老服务供给与需求的有效衔接。

三是探索"物业+养老"模式。物业中心常驻小区，贴近社区老人，更容易了解小区老年人的需求，由其为老年人提供居家养老服务，让老人在家门口就可以享受多种养老服务，具有天然的优势。首先，要汇聚社区居家养老服务中心、物业中心、养老服务机构、医疗机构等多方的合力，明确养老服务的内容和责任主体，为老年人提供助餐、保洁、日间照料等多元化的养老服务；其次，要吸引养老专业人才进物业企业，或者与专业的养老服务机构合作，搭建养老服务人才队伍；此外，还要积极开展社区的全面适老化改造，推动坡道、楼梯、电梯、扶手、休息设施、健身设施等社区公共建筑的无障碍，同步建设养老、超市、棋牌室、图书室等公共服务设施，提高老年居民生活的便利性。

四是吸引有识之士参与"老有所为"活动。对于身体健康、能力富足的老年人来说，如果能够参加到社区服务公益项目中，对其身心健康十分有益。通过参与社区机构举办的公益服务活动，可让老年人再次体验到回归社会、快乐别人、丰富自己的乐趣，可实现老年人的继续社会化，增强其社会归属感。因此，社区服务机构在人力补充上要将重心向条件适合的老年人倾斜，在取得机构、老年人、老年人子女的各方同意下进行公益活动，将老年人晚年价值进行再造和延伸，真正实现"老有所为"。

五是推进"互联网+养老"模式。"互联网+养老"的发展模式内涵丰富，包括智慧养老服务平台、智慧养老服务设施、智慧养老服务形式、智慧养老服务产品供给和标准等。通过智慧养老服务平台，运用云计算、大数据、物联网等技术，整合包括社保、民政、卫生等老龄产业的线上线下资源，为老年人提供高效率、低成本的供需对接服务。

五、加强人才培养，提升服务水平

对任何一个产业的发展而言，不仅需要资金、技术和政策作为保障，具有专业知识和技能的高素质人才也是十分重要的支撑，高素质的服务队伍是构建社区居家养老模式的重要保障。目前泰安市各社区居家养老专业性人才的匮乏是一种普遍现象。

一要不断充实社区居家养老服务人才队伍。针对大学生的就业难问题，结合政府的鼓励政策，加大引导新毕业的大学生加入服务队伍，他们年轻、富有活力，可以成为社区居家养老服务人才队伍新的人力补充来源，扩大养老服务队伍。

二是加强对社区居家养老服务人员的专业培训。一方面，为了提高养老服务队伍专业化水平，需要鼓励和吸引经过专业培训的中、高级专门人才和高校毕业生从事养老服务工作；另一方面，充分利用高等院校和职业教育机构的力量，与他们合作开展专业培训，有计划地加强对社区居家养老服务从业人员的专业培训，在全市范围内形成一支专业水平高、服务意识强的社区居家养老服务队伍。

三是实现养老服务培训过程的标准化，把对相关从业人员的职业技能培训纳入就业培训体系。建立养老服务培训基地，依托培训基地为养老服务从业人员开展专业化的养老管理和服务培训，实施从业人员职业资格等级考核评定与聘用机制，让社区居家养老服务按照一定的规范标准进行。

此外，应扩大志愿者服务队伍。政府有关部门可以出台相关政策，激励单位或个人积极参与到养老服务志愿者队伍中来，为社区养老服务人才队伍补充人力来源，保证养老志愿服务的可持续性。

参考文献

[1] STONE H. Family Obligation: Issues for the 1990's Generations [M]. 2008.

[2] STOLLER-E. Informal Networks of Community Based Elderly: Changes in Composition over Time [M]. 2009.

[3] SHERRY ANNE CHAPMAN. Client-centred, community-based care for frail seniors [J]. Health and Social Care in the Community, 2002(3): 253-261.

[4] 祁峰. 我国城市居家养老研究与展望[J]. 经济问题探索，2010（11）：119-123.

[5] 黄匡时. 供求关系视角下的中国老年照料服务资源分析[J]. 中国人口，资源与环境，2013，23（11）：488-491.

[6] 石晶. 多元化的养老模式为何重要？——基于供求关系的视角[J]. 国家治理，2014（21）：32-39.

[7] 邓大松，王凯. 国外居家养老模式比较及对中国的启示[J]. 河北师范大学学报，2015，38（2）：134-139.

[8] 许星莹，朱海祺等. 社区居家养老发展现状、问题及对策思考[J]. 卫生软科学，2016，30（1）：12-15.

[9] 王琼. 城市社区居家养老服务需求及其影响因素——基于全国性的城市老年人口调查数据[J]. 人口研究，2016，40（1）：98-112.

[10] 郝姗姗. 人口老龄化背景下我国社区居家养老服务发展面临的困境及对策分析[J]. 产业与科技论坛，2020，19（7）：89-90.

[11] 苑明月. 城市社区居家养老服务供给问题研究[D]. 泰安：山东农业大学硕士学位论文，2021.

[12] 李娜. 新时期机构—社区—居家一体化养老服务模式的构建路径探索[J]. 经济论坛，2021（7）：139-142.

[13] 范文璟. 社区居家养老服务供给的现实逻辑、困境及路径[J]. 安庆师范大学学报，2021，40（5）：124-128.